LIENHARD VALENTIN
PETRA KUNZE

Die Kunst, gelassen zu erziehen

Inhalt

Vorwort 5

Die Kraft der Achtsamkeit

Warum Buddha Eltern glücklicher
macht 8
   Weisheit für das ganze Leben..... 8
   Wer war Buddha?............... 11
   Ein neuer Blick auf unsere
   Kinder 12
   Nobody is perfect –
   nicht einmal Eltern!........... 13
   Sich mit Buddha auf den Weg
   machen..................... 14
Lernen Sie zu surfen 16
   Achtsamkeit als Schlüssel 17
   Gedanken sind nur Moment-
   aufnahmen.................. 19
   Ungeteilte Aufmerksamkeit
   üben 23
   Gegen die Macht der
   Gewohnheit 29
   Gelassen loslassen 30

Entdecken Sie Ihr Kind mit Buddhas Augen

Ihr Kind ist einzigartig 36
   Genügend Raum zur Entfaltung
   lassen 36
   Das innere Wesen entdecken.... 37
   Das grundlegende Gutsein 41
Bilder erkennen, Erwartungen
loslassen 45
   Schubladendenken vermeiden .. 45
   Leben Sie Ihr eigenes Leben..... 48
   Träume sind nicht übertragbar... 50
   Enttäuschungen vermeiden 51
Dem inneren Reichtum Raum
geben 56
   Akzeptanz entwickeln 56
   Eine geeignete Umgebung
   schaffen 60
Ihr Kind kann mehr, als Sie
denken 63
   Dem inneren Bauplan
   vertrauen 63
   Gelassen zulassen............. 65

Trotz Turbulenzen ruhig und gelassen bleiben

Im Alltag mit Kindern das Gleichgewicht bewahren 70
   Das Alltagsbewusstsein richtig einsetzen 70
   Vom Tun zum Sein 72
Gelassen bleiben bei Stress und Ärger 75
   Stress lass nach! 75
   Mensch ärgere dich nicht! 81
   Erst innehalten, dann sprechen .. 82
   Das Gift des Geistes entschärfen 84
   Wenn einem der Kragen platzt ... 88
   Einen neuen Weg gehen 95
Mit den Augen des Kindes sehen 97
   Erfühlen, was Ihr Kind bewegt 97
   Die inneren Bedürfnisse entdecken................... 100

Der mittlere Weg für Eltern

Mit Akzeptanz zu mehr Gelassenheit 110
   Sich akzeptieren mithilfe von Metta-Meditation............. 110
   Andere so annehmen, wie sie sind 117
Wie viel Erziehung darf es sein?... 119
   Dem Kind gerecht werden...... 119
   Regeln und Grenzen: Wie viele sind nötig? 121
Das Leben so annehmen, wie es ist..................... 135
   Durch Achtsamkeit zu mehr Gelassenheit 135
   Keine Sorge: Alles geht vorbei .. 137
   Im Hier und Jetzt leben 140
Auf die Qualität der Beziehung kommt es an 143
   Innere Zuwendung statt Erziehung 143
   Unsere Quelle der Freude 146
   Bereit für Veränderungen 148

Zum Nachschlagen

   Bücher und Adressen 156
   Register..................... 157
   Impressum 160

Kinder sind unsere wirklichen Lehrer.
Lerne, ihnen zuzuhören – sie erzählen
dir von der Schönheit und der Sorglosigkeit,
die du nur im gegenwärtigen
Moment wiederfindest.

[Tibetische Weisheit]

Vorwort

Wenn wir Eltern werden, wird unser bisheriges Leben weitgehend auf den Kopf gestellt. Auf der einen Seite kann wohl niemand sonst eine so **bedingungslose Liebe** in uns wecken wie ein kleines Kind. Auf der anderen Seite bringt uns auch kaum jemand so an unsere Grenzen.

Die Lehre Buddhas kann eine wertvolle Unterstützung sein, die täglichen Herausforderungen des Elternseins zu meistern. Sie werden in diesem Buch keine festen Regeln und **kein Erziehungsprogramm im üblichen Sinne** finden. Stattdessen erhalten Sie durch die vorgestellten Übungen in Meditation und Achtsamkeit die nötige Hilfestellung, um eine andere Haltung der Welt und Ihrem Leben gegenüber einzunehmen. Sie lernen, Achtsamkeit im Umgang mit sich selbst und Ihren Kindern zu üben und so Ihr Verhalten auf eine Weise zu ändern, dass ein gelassenerer und somit **glücklicherer Umgang miteinander** möglich ist.

Lienhard Valentin
Petra Kunze

Die Kraft der Achtsamkeit

1

→ Elternsein ist einer der schwersten Berufe, die es gibt. Und dennoch gilt professionelle Begleitung noch häufig als Indiz für Versagen. Dabei könnten wir gerade bei dieser Aufgabe, für die wir nie eine Ausbildung durchlaufen haben, einen klugen und hilfreichen Coach gebrauchen.
Buddhas Lehre, wie wir durch Achtsamkeit unser Leben bereichern, kann uns diese wohlwollende Unterstützung bieten.

Warum Buddha
Eltern glücklicher macht

Vielleicht zweifeln auch Sie öfter daran, dass Sie Ihrer Erziehungsaufgabe gerecht werden und Ihre Kinder auf angemessene Weise ins Leben begleiten können. Vielleicht waren Sie erst heute Morgen mit Ihren Gedanken ganz woanders und haben Ihr Kind kurz abgefertigt, statt ihm Aufmerksamkeit zu schenken. Vielleicht haben Sie auch die Geduld verloren, Ihr Kind ärgerlich angefahren, weil Sie in Eile waren und einfach gar nichts so lief, wie Sie es wollten. Besonders in stressgeladenen Momenten ertappen wir uns häufig dabei, überhaupt nicht die Eltern zu sein, die wir gerne wären. Elternsein ist sicherlich eine der anstrengendsten Aufgaben, die es gibt. Das Letzte, was wir uns wünschen, sind noch mehr Aufgaben, noch mehr, was wir machen sollen, um »gute« Eltern zu sein.

In diesem Buch geht es zunächst einmal darum, INNEZUHALTEN, einen Schritt zurückzutreten und Ihre Situation mit den Augen eines Buddha zu betrachten. Vielleicht sehen Sie dann deutlicher, was Sie wirklich wollen, welche Werte Sie in Ihrem Familienleben verwirklichen möchten und wie Sie einen Weg finden können, der es Ihren Kindern und Ihnen selbst ermöglicht, ein erfülltes Leben zu führen und die Beziehung zueinander wesentlich zu verbessern.

Weisheit für das ganze Leben

Die große Faszination und Anziehungskraft, die für immer mehr Menschen auf der Welt vom Buddhismus ausgeht, kommt nicht von ungefähr: Es sind seine scheinbar einfachen, zeitlosen Weisheiten, die uns so fesseln. Wir spüren die tiefe Wahrheit, die in ihnen steckt. Und doch ist es nicht einfach, diese Einsichten auch in unserem Alltag wirksam werden zu lassen. Nehmen wir beispielsweise den buddhistischen Satz: »Es ist, wie es ist.« Hätten wir diesen Satz verinnerlicht, könnten wir mit viel mehr GELASSENHEIT durchs Leben gehen. Doch wie schwer tun wir, uns im Alltag, Gegebenheiten zu akzeptieren! Stattdessen versuchen wir sie zu ändern – wohl wissend, dass uns das nicht gelingen wird. Auch mit der Einladung »Lebe im Hier und Jetzt« haben wir Schwierigkeiten. Oft schwelgen wir in Erinnerungen oder schmieden Pläne für die Zukunft. Und nur selten gelingt es uns, ganz im momentanen Augenblick präsent zu sein – obwohl wir leicht erkennen könnten, dass es letztlich nur diesen Moment gibt: Die Vergangenheit existiert nicht mehr, und die Zukunft gibt es noch nicht. Nur im Augenblick leben wir wirklich, und wie wir diesen Moment leben, beeinflusst maßgeblich, wie jeder folgende sein wird.

> Du musst der Wandel sein,
> den du in der Welt sehen möchtest.

[Mahatma Gandhi | *indischer Politiker (1869–1913)*]

Wege zu einer neuen Beziehungsqualität

Um es gleich vorwegzunehmen: Die Lehre des Buddha eignet sich nicht, um ein Erziehungsprogramm aufzustellen oder Leitsätze und Regeln zu verfassen, die Eltern raten, was sie in bestimmten Situationen tun sollten. Zur Bewältigung dieser Aufgaben gibt es einfach keine allgemeinen Patentrezepte, denn diese berücksichtigen nie die konkrete Gesamtsituation. Fragen wie »Was mache ich mit einem fünfjährigen Mädchen, das nicht aufräumen will?« könnten hier nicht angemessen beantwortet werden. Dafür müssten wir die Gesamtsituation vor uns ausbreiten sowie uns in das Kind und in die Eltern einfühlen. Wir können Sie mit diesem Buch jedoch darin unterstützen, Ihre eigenen **ANTWORTEN** zu finden.

Denn eine buddhistische Sicht und Praxis verändert den Blick auf Ihre Kinder und Sie selbst. Wie auch der Dalai Lama betont, ist der Buddhismus eine Schulung des Geistes und des Herzens. Und damit gewinnt Ihre Aufgabe als Eltern eine ganz neue Qualität. Sie lernen, Ihre Kinder und ihre Bedürfnisse besser wahrzunehmen, ihr eigentliches Wesen zu erkennen. Sie begegnen Ihren Kindern dadurch mit mehr Liebe, Respekt und Dankbarkeit, mit mehr Vertrauen und Gelassenheit. Es gelingt Ihnen leichter, alte, rigide Vorstellungen loszulassen, Verantwortung abzugeben und auch in Konfliktsituationen nicht die Nerven zu verlieren, sondern ruhig zu bleiben.

Selbstverständlich müssen Sie den Buddhismus nicht im Sinne einer Religion praktizieren, um der Achtsamkeit in Ihrem Leben einen festen Platz einzuräumen. Sie werden sehen: Buddhas tiefe Weisheiten bereichern den Umgang mit Ihren Kindern jeden Tag aufs Neue. Lassen Sie sich also darauf ein, täglich Ihren Geist und Ihr Herz im Sinne seiner Lehren zu trainieren.

Weisheitsgeschichte

Ein Suchender kommt zu einem Meister und schildert diesem verzweifelt, was er alles getan hat, um zu innerem Frieden und Glück zu finden. Der Meister lacht und antwortet: »Auf deiner Suche nach Glück eilst du so schnell durch dein Leben und bist ständig so beschäftigt, dass das Glück dich nie einholen kann. Du musst nämlich wissen: Dein Glück läuft immer hinter dir her, aber es erwischt dich einfach nicht, wenn du ständig in Bewegung bist. Halte inne, und es wird dich erreichen.«

Wer war Buddha?

Wie essenziell Buddhas Einsichten sind, zeigt sich vor allem an der unverminderten Aktualität und Anziehungskraft, die bis heute von der buddhistischen Lehre ausgeht. Doch Buddha war nicht von Geburt an ein Erleuchteter, sondern erlangte erst im Laufe seines Lebens durch viele Umwege seine WEISHEIT.

Vor über zweieinhalbtausend Jahren wurde er als Königssohn Siddhartha Gautama im Himalajagebiet geboren. Nach seiner Geburt prophezeite ein Weiser seinem Vater, dem König, dass dieses Kind eines Tages entweder ein erleuchteter Weltenlehrer oder ein großer König sein werde. Weil er sicherstellen wollte, dass er einen großen Nachfolger bekäme, hielt der König alles Leid von dem heranwachsenden Jüngling fern. Nur Schönheit, junge Menschen und Luxus umgaben ihn.

Doch eines Tages ritt er mit einem Bediensteten aus und begegnete das erste Mal in seinem Leben Armut, Krankheit und dem Tod – und zum ersten Mal sah er einen Wandermönch, der diese Welt aufgegeben hatte, um nach der Wahrheit zu suchen. Dies beeindruckte ihn so tief, dass er sein Luxusleben hinter sich ließ und einen Weg suchte, das Leiden zu überwinden. Er unterwarf sich strenger Askese, bis er nur noch Haut und Knochen war.

Eines Tages erinnerte er sich wieder an seine Tante und das Gefühl von innerer Freiheit, das er in seiner Kindheit durch ihre Liebe und ihr Mitgefühl erfahren hatte. Da seine Mutter bei seiner Geburt gestorben war, hatte diese Tante ihm die Gefühle vermittelt, die er als Kind gebraucht hatte. So gab er die Askese auf, fing wieder an zu essen, wurde erleuchtet und begann, seine EINSICHTEN an andere weiterzugeben. Eines Tages begegnete er einem Mann, dem die besondere Ausstrahlung des Buddha auffiel. So fragte er ihn: »Was bis du? Ein Gott?« »Nein«, antwortete der Buddha, »ich bin wach!« Und dies drückt auch sein Name aus, denn Buddha heißt übersetzt »der Erwachte«.

Ein neuer Blick auf unsere Kinder

Wenn wir von da ausgehend, wo wir gerade stehen, uns einfach immer wieder erinnern, etwas mehr Aufmerksamkeit, Einfühlsamkeit und Geduld mit uns und unseren Kindern aufzubringen, werden sich unser Leben und die Beziehung zu unseren Kindern entscheidend verändern. Wir können versuchen, unsere eigene INTUITION zu entwickeln und ihr mehr und mehr zu vertrauen und zu folgen.

Im Zen-Buddhismus wird diese innere Haltung der »Anfänger-Geist« beziehungsweise der »Don´t-know-mind« genannt. Er kennzeichnet die Fähigkeit, alles, was wir schon zu wissen glauben, beiseitezulassen, die innere Leere des »Ich-weiß-nicht« zuzulassen und uns immer wieder völlig neu und ohne vorgefertigte Meinungen auf eine Situation oder einen Menschen einzulassen.

» Im Geist eines **Anfängers** gibt es unendlich **viele** Möglichkeiten, im Geist eines **Experten** nur **wenige**. «

[Shunryu Suzuki | *japanischer Zen-Meister (1905–1971)*]

Jedes Kind ist ein Geheimnis

Normalerweise ist unsere Sicht auf das Leben stark durch unsere Erfahrungen aus der Vergangenheit oder angelerntes Wissen geprägt. Dieses Wissen kann auf der einen Seite durchaus hilfreich sein, es kann aber auch unsere Sicht auf das, was wir tatsächlich gerade vor uns haben, verschleiern. Denn nur im Hier und Jetzt können wir unsere Kinder so sehen, wie sie sind, und ihnen wirklich begegnen. Die wichtigste Voraussetzung dafür ist, dass wir mit unseren Kindern in Kontakt sind.

Bei einer von Buddhas Lehre geprägten Haltung unseren Kindern gegenüber geht es nicht darum, diese so zu erziehen, dass sie sich an uns anpassen und so werden, wie wir uns das erträumen. Natürlich kann es zunächst einmal enttäuschend sein, wenn sich der Sohn so gar nicht fürs Theaterspielen oder Musizieren im Kindergarten oder in der Schule interessiert. Aus der Traum, den Nachwuchs jemals auf der Bühne erleben und voller Stolz seinen Auftritt beklatschen zu dürfen. Sicher mag es auch schwer zu akzeptieren sein, wenn die Tochter den Übertritt aufs Gymnasium nicht schafft, wenn alle in der Familie Akademiker sind. Doch jedes Kind bringt sein eigenes Wesen mit, das sich bestmöglich entwickeln soll. Deshalb ist es so wichtig, dass wir Eltern unsere Kinder nicht verbiegen, sondern versuchen, sie in ihrem Wesen zu verstehen und sie einfühlsam ins Leben zu begleiten, damit sie ihr Inneres entfalten und ihre eigenen POTENZIALE VERWIRKLICHEN können. Auch wenn diese ganz andere sind als unsere – und die Herausforderung dementsprechend besonders groß ist.

Nobody is perfect – nicht einmal Eltern!

Wir wollen unbedingt eine gute Mutter, ein guter Vater sein und einfach alles richtig machen. Wie oft sorgen wir uns, dass wir Rabeneltern oder Versager sein könnten, wenn wir wieder einmal ungeduldig oder unaufmerksam waren! Doch zum Glück brauchen Kinder keine perfekten Eltern oder solche, die ihnen vormachen, sie seien perfekt und würden immer richtig handeln. Kinder durchschauen das ohnehin sehr schnell. Sie können Ihre Erwartungen an sich selbst und an Ihre Kinder also getrost zurückschrauben, ebenso die Vorstellung, Sie seien für alles verantwortlich, was mit Ihren Kindern zu tun hat. Nach buddhistischer Auffassung ist unser Einfluss auf unser Leben, unsere Kinder und ihre Eigenschaften begrenzt. Aber wir haben sehr wohl eine Wahl, mit welcher Einstellung wir unseren Kindern begegnen, wie wir mit ihnen und den entstehenden Situationen umgehen. Dafür sind wir als Eltern tatsächlich selbst verantwortlich. Kinder brauchen also vor allem MENSCHLICHE ELTERN mit Stärken und Schwächen, die bereit sind, immer wieder ihre innere Einstellung zu überprüfen, an sich zu arbeiten und sich weiterzuentwickeln. Und die, selbst wenn sie mal nicht so verständnisvoll reagierten, wie sie es eigentlich wollten – was uns im Alltag mit unseren Kindern allen so ergeht –, trotzdem dranbleiben und ihren Weg nicht aus den Augen lassen.

In diesem Buch möchten wir Ihnen mithilfe der buddhistischen Praxis zeigen, wie Sie eine Haltung Ihren Kindern gegenüber entwickeln können, die in erster Linie von Respekt und Achtung, von Liebe und Vertrauen geprägt ist.

Sich mit Buddha auf den Weg machen

Die buddhistische Praxis kennt eine Vielzahl von Übungen, von der Achtsamkeitspraxis bis hin zur Meditation, die Ihnen dabei helfen, Ihre Einsichten zu vertiefen und in den Alltag zu integrieren. In diesem Buch können Sie verschiedene Möglichkeiten ausprobieren. Menschen sind verschieden – darauf nimmt auch die buddhistische Geistesschulung Rücksicht. Sie brauchen daher auch nicht alle empfohlenen Übungen zu machen, sondern können auswählen, was Ihnen zusagt.

Gutes Beginnen

Damit sich etwas entwickeln kann, empfiehlt es sich allerdings, die ausgesuchten Übungen REGELMÄSSIG zu praktizieren. Richten Sie sich am besten eine feste Zeit ein, die Sie Ihren Übungen widmen. Lassen Sie sich dabei von niemandem stören, und stellen Sie für die Dauer der Übung alles beiseite, was Sie gerade beschäftigt. Gönnen

Sie sich eine halbe Stunde täglich und noch etwas Zeit zwischendurch, die Ihnen ganz allein gehört (siehe auch Seite 27). Vielleicht besorgen Sie sich ein Notizbuch, das extra für Ihre Aufzeichnungen reserviert ist, die Sie sich bei manchen Übungen machen sollten. Suchen Sie sich am besten etwas Ansprechendes aus, das Sie zum Schreiben einlädt, denn durch das Ausformulieren unserer Gedanken und Gefühle wird uns noch bewusster, was in uns vorgeht.

Für die Meditationen können Sie sich auf einen Stuhl setzen oder ein Meditationskissen oder -bänkchen benutzen – experimentieren Sie einfach ein wenig mit Ihrer Art zu sitzen. Zwingen Sie sich nicht in eine aufrechte Haltung, sondern orientieren Sie sich daran, wie Sie am meisten Raum für Ihre ATMUNG haben. Manche Meditationslehrer schlagen vor, eine innere Haltung der Würde einzunehmen, wie ein wahrer König oder eine wahre Königin – dabei kommen Sie ganz automatisch zu einer aufrechteren Stellung. Ihre Haltung spiegelt Ihren inneren Zustand wider und wirkt sich auf diesen aus. Wenn Sie sich hängen lassen, neigt auch Ihr Geist dazu, träge und unbeweglich zu sein. Strengen Sie sich krampfhaft an, so wird auch Ihr Geist eng und rigide. Die Hände können Sie auf den Knien ablegen oder auf Bauch oder Brust platzieren, die Augen offen lassen oder schließen – ganz wie es für Sie passt. Natürlich können Sie auch im Liegen meditieren, allerdings fällt es den meisten Menschen schwerer, dabei aufmerksam zu bleiben. Vielleicht haben Sie auch Lust, sich einen Meditationsplatz einzurichten, der Sie zu Ihrer Auszeit regelrecht einlädt.

Die längeren Meditationen unter der Rubrik »Energie auftanken« können Sie gezielt dazu nutzen, sich zu regenerieren. Mit diesen Hilfsmitteln können Sie die Erkenntnisse so verinnerlichen, dass sich Ihr Leben tatsächlich verändern wird – weil Sie sich danach anders verhalten. Sie werden sehen, dass Sie schon bald zu mehr Harmonie und GLÜCK finden und das Leben mit Ihren Kindern um vieles leichter wird und (noch) mehr Freude bereitet.

Lernen Sie
zu surfen

Keine Sorge, wir schicken Sie nicht wirklich auf ein Surfbrett und lassen Sie durch die Wellen reiten. Doch die Metapher des Surfens, die der amerikanische buddhistische Meditationslehrer Jack Kornfield eingeführt hat, beschreibt den Alltag von Eltern einfach besonders treffend. Wer kennt das nicht: Geht es uns gut, sind wir innerlich im Gleichgewicht, dann gestaltet sich auch das Leben mit unseren Kindern leichter und harmonischer, und selbst höhere Wellen können wir normalerweise elegant nehmen, ohne herunterzufallen. Wir wissen auch, wann wir eine Pause brauchen oder eine Stärkung. Geht es uns dagegen schlecht, sind wir gestresst, ungeduldig oder in Gedanken woanders, dann übersehen wir leicht die herannahenden Wellen, die uns zur Gefahr werden können – und schon liegen wir im Wasser.

Im Alltag mit unseren Kindern surfen zu lernen, ist eine schwierige und komplexe Angelegenheit. Wir haben alle möglichen Dinge zu erledigen, sind immer wieder mit hohen emotionalen Wellengängen konfrontiert, und jede Unachtsamkeit oder innere Unflexibilität kann uns vom Brett fallen lassen. Aber wenn wir immer aufs Neue beginnen, statt uns darüber zu beklagen, was für erbärmliche Anfänger wir sind oder dass die Wellen einfach nicht so sein wollen, wie wir es gerne hätten, werden wir zunehmend stabiler stehen und weniger Wasser schlucken. Wir werden Ihnen in diesem Buch Wege zeigen, wie Sie bei starkem und schwachem Seegang, im Alltag und in Krisenzeiten Ihr INNERES GLEICHGEWICHT bewahren. Sie werden feststellen, wie positiv sich das auf Sie und Ihre ganze Familie auswirkt. Es gibt zahlreiche Experten, die uns beibringen wollen, wie man »richtig« mit Kindern umgeht. Aber egal welchem Ansatz wir uns verbunden fühlen – letztlich haben wir damit im besten Fall eine Art Anleitung in der Hand, die uns eine mehr oder weniger gute Übersicht verschaffen kann. Jedes Kind, jeder Elternteil, jede Situation ist anders, und dem kann keine noch so gute Anleitung gerecht werden. Im Gegenteil: Wenn wir uns vorstellen, auf einem Surfbrett zu stehen und die nächste Welle kommt, ist es nicht sehr hilfreich, erst in den Anweisungen nachzulesen, was nun zu tun wäre. Vielmehr geht es darum, so PRÄSENT wie möglich für das zu sein, was gerade geschieht. Denn um den gegenwärtigen Moment zu erfassen, ist weniger Denken gefragt, sondern fühlende Wahrnehmung, also Intuition.

> Du kannst die **Wellen** nicht aufhalten,
> aber du kannst **lernen**,
> auf ihnen zu **reiten**.

[Jack Kornfield | *amerikanischer Meditationslehrer*]

Achtsamkeit als Schlüssel

Wie gelingt es uns, diese Intuition zu entwickeln? Der Schlüssel liegt in der Praxis der Achtsamkeit. Mit ihr können wir die Fähigkeit erlangen, im gegenwärtigen Moment auf wohlwollende, freundliche, nicht urteilende und einfühlsame Weise präsent zu sein. Wir können lernen, mit unserer Aufmerksamkeit ganz bei einer Sache, bei uns, bei unseren Kindern, im Hier und Jetzt zu verweilen. Wir können unseren Blick für das Wesentliche schärfen und so zu mehr Akzeptanz und GELASSENHEIT kommen – was vor allem unser Familienleben bereichert. Wenn wir unseren Kindern ungeteilte Aufmerksamkeit schenken, können wir ihr Wesen erkennen und unsere Beziehung spürbar vertiefen. Der amerikanische Achtsamkeitslehrer Jon Kabat-Zinn hat es sehr treffend so ausgedrückt: »Achtsamkeit unterstützt

uns in unseren täglichen Bemühungen, mit unseren Kindern wirklich in Kontakt zu sein. Sie hilft uns, für unsere Kinder zu Quellen bedingungsloser Liebe zu werden, Augenblick für Augenblick, Tag für Tag.«
Die Praxis der Achtsamkeit ist im Grunde genommen nichts speziell Buddhistisches – sie wird in allen Weltreligionen geübt, um den Geist zu sammeln. Allerdings wurde diese Praxis im Buddhismus auf besonders umfassende und systematische Weise kultiviert. Und während dieses Geistestraining in den meisten Weltreligionen vor allem auf die Beziehung zu Gott gerichtet ist, zeigt der Buddhismus zahlreiche Wege auf, wie Achtsamkeit unseren Alltag verschönern kann.

Mit Achtsamkeit das Leben bereichern

Die Praxis der Achtsamkeit hilft uns dabei, wacher zu werden, mit uns selbst und unserem Leben mehr in KONTAKT zu kommen und so in Harmonie mit uns und der Welt zu leben. Aus buddhistischer Sicht ist unser normaler Zustand alles andere als wach, sondern äußerst begrenzt und einengend. Meist sind wir in Gedanken verloren und verbringen einen Großteil unseres Lebens eher im Halbschlaf – wir funktionieren sozusagen auf Autopilot.

Uns in Achtsamkeit zu üben bedeutet also, die Welt, die Menschen um uns herum und uns selbst genauer wahrzunehmen und Gewohnheiten und MUSTER zu entlarven, die dieser Achtsamkeit im Wege stehen. Das kann beispielsweise der immer gleiche Weg zur Arbeit sein, der uns gar nicht mehr die Besonderheiten der Strecke registrieren lässt. Oder reflexartiges Schimpfen, wenn unser Kind eine schlechte Note in der Schule bekommt. Achtsamkeit bedeutet aber auch, dass wir alles, was wir wahrnehmen, erst einmal so annehmen, wie es ist, ohne es zu bewerten. Das größte Hindernis dabei sind unsere Gedanken. Sie kreisen praktisch ständig in unserem Kopf herum, obwohl wir sie die meiste Zeit über nicht einmal registrieren. Deshalb hilft es, zunächst einmal unserem Geist mehr Aufmerksamkeit zu schenken.

Gedanken sind nur Momentaufnahmen

Gedanken prägen unser Leben, und nur selten werden wir uns darüber bewusst, wie sehr wir in Gedanken verloren sind. Schon wenn wir morgens aufwachen, liegen unsere Gedanken nicht mehr mit uns im Bett, sondern sind schon bei dem, was heute alles zu tun ist. Und während das Wasser in der Dusche auf unseren Körper rieselt, bringen wir vielleicht schon die Kinder in die Schule oder befinden uns bereits an unserem Arbeitsplatz, anstatt die entspannende Wirkung des warmen Wassers zu genießen und den belebenden Duft unseres Shampoos. Auf diese Weise verpassen wir regelmäßig einen Großteil unseres Lebens. Wir fahren in den Urlaub, um uns zu erholen – aber schon nach kurzer Zeit sind wir gedanklich gar nicht mehr dort, sondern schon bei der neuen Kindergartengruppe, in die der Jüngste nach den Ferien gehen wird, oder bei dem aufregenden Projekt, das in der Arbeit auf uns wartet. Wir sind überall, nur nicht da, wo wir uns tatsächlich körperlich befinden.

Wir denken praktisch ununterbrochen, in Bildern und Worten, in Verbindung mit Emotionen wie Freude und Angst. Unsere Gedanken setzen sich zusammen aus Erfahrungen und Befürchtungen, aus schönen und schrecklichen Bildern, aus einem Sammelsurium verschiedener Interpretationen. Kaum ist ein Gedanke aufgeblitzt, kommt im nächsten Moment schon ein neuer.

Wir werden ständig abgelenkt

Unser Denken besteht größtenteils aus Bewertungen, die aus unseren Vorlieben und Abneigungen entstehen sowie aus Vorstellungen und Meinungen. Gedanken ermöglichen uns zum Beispiel Erinnerungen und Visionen, wir können an die Vergangenheit denken und uns in eine Zukunft gedanklich hineinträumen. Die Gefahr ist, dass wir die Gegenwart verpassen, wenn wir ständig in Gedanken verloren sind.

Wenn wir uns zum Beispiel heute schon Sorgen machen, ob unser Kind gut in der Schule mithalten kann, obwohl es noch Jahre in den Kindergarten gehen wird, verpassen wir, das HIER UND HEUTE zu genießen. Mithilfe der Achtsamkeitspraxis kommen wir wieder mehr in Kontakt mit unserem Erleben. Die folgende Übung kann Ihnen davon einen ersten Eindruck vermitteln, indem Sie versuchen, mit der Aufmerksamkeit bei sich zu verweilen.

ÜBUNG

Achtsames Erforschen

→ Nehmen Sie sich für diese Übung ein paar Minuten Zeit, und suchen Sie sich eine Rosine, einen Kürbiskern, ein Stück Schokolade oder sonst einen kleinen essbaren Gegenstand aus.

→ Stellen Sie sich nun vor, Sie wären ein außerirdischer Forscher, der auf der Erde gelandet ist und jetzt dieses »Ding« vor sich liegen hat.

→ Versuchen Sie, alles beiseitezulassen, was Sie über das von Ihnen gewählte Lebensmittel wissen, und beginnen Sie, es langsam und mit allen Sinnen zu erforschen. Vergessen Sie nicht – Sie haben so etwas noch nie gesehen!

→ Schauen Sie es sich genau an, was fällt Ihnen auf? Halten Sie es gegen das Licht und untersuchen Sie es von allen Seiten.

→ Dann riechen Sie daran und erforschen Sie es auch mit Ihrem Tastsinn. Schließlich legen Sie es sich vorsichtig auf die Zunge. Was erfahren Sie? Beißen Sie einmal zu. Was geschieht nun?

→ Kauen Sie dann weiter, und bleiben Sie ausschließlich bei Ihrer Erfahrung. Schlucken Sie schließlich, und verfolgen Sie das Geschluckte bis in den Magen. Was geht dabei in Ihnen vor?

Was haben Sie bei der Übung erlebt? Wenn Sie diese Erfahrung damit vergleichen, wie Sie üblicherweise essen – was fällt Ihnen auf? Versuchen Sie, das Erlebte NICHT ZU BEWERTEN, Sie brauchen jetzt nichts anders oder besser zu machen. Es geht einfach nur darum, dass Sie üben, sich einer Erfahrung im gegenwärtigen Moment bewusster zu werden – unabhängig davon, ob diese angenehm, unangenehm oder ganz einfach neutral ist.

Unser Denken durchschauen lernen

Im Alltag ist es alles andere als einfach, die Aufmerksamkeit auf unsere Erfahrung im gegenwärtigen Moment zu richten. Unser Denken scheint ein Eigenleben zu führen und ist nur schwer zu fassen: Es ist komplex, chaotisch, unvorhersehbar und häufig auch ungenau, ohne erkennbaren Zusammenhang und widersprüchlich.

Wenn wir unsere Aufmerksamkeit öfter auf unseren Geist richten, wird sich dieser Eindruck noch bestätigen, und wir werden die Erfahrung machen, dass wir unsere Gedanken bisher zu wichtig genommen, sie mit der Wirklichkeit verwechselt haben. Denn in der Regel neigen wir dazu, unsere Gedanken überzubewerten und uns viel zu schnell mit ihnen zu identifizieren. Erst wenn wir sie achtsam wahrnehmen, bemerken wir, wie flüchtig, wie unzureichend und unwichtig unsere Gedanken meist sind. Wir erkennen, dass sie sich allzu leicht zwischen uns und unser Erleben schieben und es auf diese Weise färben. Haben wir erst einmal unser Denken durchschaut, verliert es langsam seine MACHT über uns. Glauben Sie also nicht alles, was Sie denken. Denn Ihre Gedanken haben mit der Realität nicht unbedingt etwas zu tun. Häufig hindern sie uns daran, wirklich im Hier und Jetzt zu sein.

Wie eine Seuche kann es sich zum Beispiel auswirken, wenn unsere Gedanken von Sorgen um die Zukunft beherrscht werden. Diese Ängste bringen uns dazu, etwas von unserem Kind zu erwarten, zu dem es noch gar nicht reif genug ist. »Ist es vielleicht entwicklungsverzögert, wenn es mit 15 Monaten noch nicht laufen kann?« »Wird später etwas aus ihm werden, wenn es mit sechs Jahren immer noch kaum Interesse hat, lesen zu lernen?« Als Eltern kennen wir diese Sorgen nur allzu gut. Wenn wir ihnen nachgeben, können wir unseren Kindern das Leben zur Hölle machen. Wir treiben sie an, geben ihnen nicht die Zeit, sich in ihrem Rhythmus zu entwickeln, und vermitteln ihnen, dass sie nicht gut genug sind. Wenn wir diese Sorgen aber als das erkennen, was sie sind – als Gedanken –, verlieren sie etwas von ihrer Macht über uns. Wir können wieder klarer sehen und uns bewusst machen, dass sich ein Kind dann gut entwickelt, wenn wir die Bedingungen schaffen, unter denen es sich nach seinem eigenen inneren Gesetz und in seiner eigenen Zeit ENTFALTEN KANN.

Es ist und bleibt eine große Herausforderung, den gegenwärtigen Moment voll zu erfahren. Je mehr uns das gelingt – vor allem durch die Praxis der Achtsamkeit –, umso mehr Akzeptanz können wir entwickeln. Denn durch die Wahrnehmung, wie etwas jetzt gerade ist – und wie flüchtig und vergänglich –, können wir es immer besser annehmen und gelassener damit umgehen. Dann ist das, was wir erfahren, nicht mehr »mein« Gedanke, sondern »ein« Gedanke, nicht mehr »mein« Gefühl, sondern »ein« Gefühl, wie es Jon Kabat-Zinn so treffend ausdrückt. Wir müssen nichts mehr dramatisieren, und das bringt uns im Leben mit unseren Kindern entscheidende Vorteile!

> **Schwer unter Kontrolle zu halten,
> wechselhaft lässt er sich nieder, wo er will:
> der Geist. Gut ist es, ihn zu zähmen.
> Ein gezähmter Geist bringt Wohlergehen.**
>
> [Buddha]

Ungeteilte Aufmerksamkeit üben

Und wie schulen wir nun diese Achtsamkeit? Eigentlich geht es zunächst darum, so viel wie möglich bewusst wahrzunehmen: Gedanken, Gefühle und körperliche Empfindungen, ohne sie zu bewerten. Das geschieht nicht automatisch, sondern durch ein bewusstes Hinlenken unserer Aufmerksamkeit auf etwas.

Denn Achtsamkeit ist kein Dauerzustand, sondern ein Kommen und Gehen: Haben wir einen Impuls gesendet, um achtsam wahrzunehmen, wird uns das unterschiedlich lange – aber eben nicht dauerhaft – gelingen. Das wäre schlicht unmöglich. Vielmehr können wir immer wieder IMPULSE SETZEN, um für die nächsten Augenblicke achtsam zu sein, und uns immer aufs Neue darum bemühen, hier und jetzt mit allen Sinnen anwesend zu sein.

Was bewirkt Achtsamkeit?

Indem wir die Aufmerksamkeit auf wohlwollende und interessierte Art und Weise auf unsere Erfahrung – unsere Stimmung, unsere Gefühle, Gedanken und Empfindungen – lenken, lernen wir uns besser kennen und können uns von Neuem mit uns selbst verbinden (siehe Übung Seite 32). Zudem gelingt es uns immer besser, uns in unsere Kinder wirklich EINZUFÜHLEN, sie tatsächlich wahrzunehmen.

Denn nur mithilfe von Achtsamkeit werden wir uns darüber bewusst, dass *wir* etwas wollen und uns darauf versteifen, statt darauf zu achten, was für unser Kind das gerade Angemessene ist. Dass *wir* uns durch ein Verhalten unseres Kindes persönlich beleidigt fühlen und das Ganze aufbauschen, statt das Geschehene mit Abstand zu betrachten und ihm den Stellenwert zu geben, der ihm gebührt. Wir erkennen, dass es unsere eigenen Gedanken und Wünsche sind, die wir immer wieder in den Mittelpunkt stellen. Durch das Innehalten bekommen wir die Chance, einen Schritt zurückzutreten, einen objektiven Blickwinkel einzunehmen und unser Kind wirklich zu sehen. Hierin liegt der Schlüssel zu einer neuen Beziehungsqualität zwischen Eltern und Kindern. Aber keine Sorge, Sie müssen dafür Ihr Leben nicht auf den Kopf stellen oder einen sportlichen Wettkampf daraus machen. Vielmehr können Sie Ihre Achtsamkeit so oft Sie wollen ein wenig trainieren – oder üben, wie die Buddhisten es nennen –, und schon wächst sie. Die Übungen in diesem Buch werden Sie dabei unterstützen.

Nur wahrnehmen, nicht bewerten

Um die Achtsamkeit zu erhöhen, kann es helfen, wenn wir unsere Gefühle und Gedanken wie das Wetter sehen, das durch uns hindurchzieht: Mal ist es bewölkt, mal scheint die Sonne, mal ist es kalt, mal warm. Das Wetter ist, wie unsere Gedanken und Gefühle, nur eine Momentaufnahme, es kommt und geht wie alles andere auch. Es ist, wie es ist, und es darf so sein. Wir können es einfach vorüberziehen lassen, denn es ist nicht identisch mit uns. Wenn wir diese Flüchtigkeit einmal verinnerlicht haben, können wir ganz anders mit unserer Umgebung umgehen. Denn diese Fähigkeit hilft uns auch, nicht sofort ablehnend, zornig oder überschwänglich zu reagieren, sondern uns mit unseren eigenen inneren Reaktionen zunächst selbst auseinanderzusetzen. Wir lernen einfach wahrzunehmen, was ist, welche Gedanken und Gefühle sich gerade in uns breitmachen. Statt diese zu unterdrücken oder in ihnen zu schwelgen, ist es wichtig, ihnen mit AKZEPTANZ und GROSSZÜGIGKEIT zu begegnen, so offen und weitherzig zu sein wie nur möglich.

So können wir einem Gefühl vielleicht erst einmal inneren Raum und Zeit schenken, es kennenlernen und unsere Absichten prüfen, bevor wir es einem anderen zeigen. Das kann uns helfen, Ungerechtigkeiten und Konflikte schon im Vorfeld zu vermeiden, indem wir nicht einfach impulsiv reagieren, sondern zunächst wahrnehmen und innehalten. Probieren Sie doch die folgende Ergänzung der Übung von Seite 20.

ÜBUNG

Achtsame Zuwendung

→ Versuchen Sie, mit Ihren Aktivitäten kurz innezuhalten, und richten Sie Ihre Aufmerksamkeit nach innen.

→ Achten Sie dabei zunächst wieder auf Ihre Gedanken. Was geht Ihnen durch den Kopf?

→ Lassen Sie nun die Gedanken vorüberziehen. Wie fühlen Sie sich dabei?

→ Was empfinden Sie körperlich? Rumort Ihr Magen, schmerzt Ihr Nacken, fühlen Sie sich wohl? Wie ruhig oder schwer geht Ihr Atem? Wie fühlt sich das an, was Sie gerade in der Hand haben oder worauf Sie sitzen?

→ Versuchen Sie, möglichst präzise zu spüren, was Sie in Ihrem Körper empfinden, ohne es zu beurteilen.

→ Wundern Sie sich nicht, wenn Ihre Gedanken beim In-sich-hinein-Horchen immer wieder abschweifen. Das ist nicht ungewöhnlich. Kommen Sie einfach jedes Mal freundlich zu sich selbst und Ihrer Erfahrung im gegenwärtigen Moment zurück, wenn Sie merken, dass Sie abgedriftet sind. Und wenn das zehnmal in der Minute ist – machen Sie kein Problem daraus, denn das ist besonders am Anfang ganz normal und auch später noch von verschiedenen Umständen abhängig. Entscheidend ist die wohlwollende innere Haltung sich selbst gegenüber, denn sie ist der Nährboden für inneres Wachstum und Heilung.

Wie Sie bei diesen Versuchen schnell feststellen werden, ist es unmöglich, das Denken mit unserem Willen zu stoppen. Je mehr wir dagegen ankämpfen, desto wilder wird es sich gebärden. Es macht keinen Sinn, gegen den Tumult in unserem Kopf zu Felde zu ziehen.

Unser Denken beruhigt sich von alleine, wenn wir die geeignete innere Einstellung einnehmen. So wie sich nach dem Einschenken eines naturtrüben Apfelsaftes die schwereren Partikel nach einiger Zeit am

Boden absetzen, so setzen sich auch unsere Gedanken nieder, wenn wir ihnen die Zeit dafür geben. Je häufiger Sie mit Achtsamkeit einfach nur wahrnehmen, was ist, umso besser können Sie das, was Sie wahrnehmen, AKZEPTIEREN. Es wird Ihnen gelingen, einmal ganz im Moment, in der kurzen, flüchtigen Gegenwart zu sein, ohne zu beurteilen oder zu verurteilen. Mit der Zeit können Sie diese Erfahrung auch auf Ihren Alltag übertragen.

Nahrung für Körper und Seele

Die Praxis der Achtsamkeit ist eine Möglichkeit, aus unseren alltäglichen Mustern auszusteigen, einen Moment innezuhalten und mit unserer inneren Erfahrung in einen direkten Kontakt zu treten. Zu Beginn muss eine solche Zeit des Innehaltens nicht lang sein. Zwei bis fünf Minuten sind ausreichend für den Anfang, da wir erst einmal trainieren müssen, unsere Konzentration länger zu halten. Mit der Zeit kann die Übungsdauer auf rund eine halbe Stunde erweitert werden (siehe Übung Seite 27). Wichtig ist, dass Sie sich diese Übung nicht als zusätzliche lästige Pflicht aufzwängen, sondern sie sich als AUSZEIT für sich selbst gönnen, in der Sie nichts tun, nichts leisten, nichts erreichen müssen. Augenblicke des Nichtstuns nähren Körper und Seele, und gerade für Eltern sind diese Momente des Rückzugs mehr als notwendig. Für den Anfang ist es sehr hilfreich, wenn Sie für die Zeit, die Sie der Übung widmen wollen, alles zurückstellen, was Sie gerade beschäftigt. Sie können sich vorstellen, alle wichtigen Dinge, die zu erledigen sind, in eine Schachtel zu packen, die Sie dann nach der Übung wieder öffnen dürfen. Vielleicht hilft Ihnen das, sie zumindest für kurze Zeit beiseitezulassen.

Bei der Meditation geht es nicht darum, irgendetwas zu erreichen, sondern mit unserem Zustand in Kontakt zu kommen, wie er eben gerade ist. Sie können im Liegen oder im Sitzen üben, allerdings sind wir im Sitzen wesentlich aufmerksamer (siehe auch Seite 15).

ÜBUNG

Achtsamkeit für den Körper und den Atem

→ Nehmen Sie sich eine halbe Stunde Zeit. Dann kommen Sie erst einmal bei sich und in Ihrem Körper an. Finden Sie eine Art des aufrechten Sitzens, die Ihnen entspricht, ohne dass Sie sich zu sehr anstrengen müssen.

→ Achten Sie nun auf Ihren Atem. Wählen Sie den Ort aus, an dem Sie ihn am besten wahrnehmen können – das kann die Nase sein, der Bauch oder auch die Brust. Bleiben Sie dann für die Dauer der Übung bei dieser Stelle. Kontrollieren oder beeinflussen Sie Ihren Atem nicht, sondern lassen Sie ihn so, wie er ist, und begleiten Sie ihn einfach sanft.

→ Wenn es Ihnen anfangs sehr schwer fällt, Ihre Aufmerksamkeit auf den Atem zu richten, ohne diesen willentlich zu beeinflussen, achten Sie einfach auf Ihre Körperempfindungen, die Sie im Kontakt mit Ihrer Unterlage wahrnehmen. Die Kunst besteht darin, sich nicht von Gedanken forttragen zu lassen, sondern immer wieder sanft zum Atem oder Ihrem Körpergefühl zurückzukommen.

→ Lassen Sie sich Zeit, bis sich langsam die rechte Aufmerksamkeit einstellt. Es ist keine Frage der Anstrengung, sondern es geht darum, immer wieder sanft, aber beständig neu zu beginnen.

→ Wenn Sie feststellen, dass Ihr Geist sich wie eine wilde Affenhorde gebärdet, die mal hierhin, mal dorthin springt, ärgern Sie sich nicht darüber, sondern sehen Sie es als eine wichtige Selbsterkenntnis an, als ersten Schritt, sich von Ihren automatischen Denk- und Gefühlsmustern zu befreien. Selbst wenn Sie in einer Minute hundertmal von Ihrem Atem oder Ihrem Körper abschweifen, so ist das kein Problem. Bewerten Sie nichts, sondern kehren Sie jedes Mal sanft und freundlich zu Ihrem Atem oder Ihrem Körpergefühl zurück.

→ Wenn Sie so weit sind, schließen Sie die Übung für sich ab, wenn Sie mögen, rekeln Sie sich ein wenig und kehren dann in Ihren Alltag zurück.

Wie erging es Ihnen bei dieser Übung? Haben Sie zwischendurch Ärger oder Ungeduld verspürt, weil Sie sich gar nicht gut konzentrieren konnten? Oder wurde Ihnen vielleicht langweilig? Das ist vollkommen in Ordnung. Erinnern Sie sich, wenn Sie diese Achtsamkeitsmeditation wiederholen, immer wieder WOHLWOLLEND daran, dass alles einfach so ist, wie es ist. Sie brauchen nichts zu verändern – auch Sie dürfen so bleiben, wie Sie sind. Mit dieser Einstellung beginnen Sie, sich selbst freundliches Interesse entgegenzubringen.

Wenn Sie während der Übung einmal ungeduldig oder rastlos sind, nehmen Sie das einfach nur wahr, ohne es zu bewerten oder darauf zu reagieren. Wenn Sie bemerken, dass Sie wieder einmal vom Atem oder von Ihrem Körper abgeschweift sind, registrieren Sie kurz, wo Sie gelandet sind, und kehren dann sanft zum Atem zurück. Auf diese Weise lernen Sie sich langsam immer besser kennen. Sie erkennen nach und nach, wie Ihr Geist funktioniert, was in ihm vor sich geht, wie er auf angenehme oder unangenehme Erfahrungen reagiert. Registrieren Sie auch Ihre Reaktionen auf das Nichtstun. Wie reagiert Ihr Geist auf Leere? Was geht in Ihnen vor, wenn es nichts zu tun, nichts zu erreichen gibt?

Eine positive Veränderung geschieht nur dann, wenn wir mit dem in Kontakt kommen, was wir sind – und nicht, wenn wir versuchen, etwas zu werden, das wir nicht sind. Diese Erfahrung wirkt sich wieder positiv auf das Verhältnis zu unseren Kindern aus.

》 Wir sind, was wir denken.
Alles, was wir sind,
entsteht aus unseren Gedanken.
Mit unseren Gedanken formen wir die Welt. 《

[Buddhistische Weisheit]

Gegen die Macht der Gewohnheit

Im Alltag funktionieren wir oft wie im Halbschlaf, ohne wirklich anwesend zu sein. Viele Gewohnheiten machen das Leben zwar bequem, da sie wenig Anstrengung kosten. Sie können uns aber auch im Weg stehen und unseren Blick verschleiern oder unsere Entwicklung behindern. Versuchen wir dann, sie loszuwerden, merken wir erst, wie schwer das ist. Denn Gewohnheiten zu erkennen und abzulegen erfordert viel Energie – denken Sie nur an Ess- oder Fernsehgewohnheiten!

Weisheitsgeschichte

Ein junger Mann sitzt auf seinem rasch dahingaloppierenden Pferd. Er scheint es offensichtlich sehr eilig zu haben. Vom Wegesrand aus sieht ihn ein Freund vorbeireiten und ruft ihm überrascht zu: Wohin willst du denn so eilig? Worauf der Reiter gerade noch zurückschreien kann: Woher soll ich das wissen! Frag doch das Pferd!

Diese Geschichte ist typisch für Situationen, in denen wir uns vom alltäglichen Stress mitreißen lassen. Wir vergessen dann, wohin wir eigentlich möchten, und unsere Gewohnheiten treiben uns so sehr zur Eile, dass wir nur schwer innehalten können. In einem solchen Zustand ist es zum Beispiel unmöglich, zu unseren Kindern in einen wirklichen Kontakt zu treten. Statt angemessen und individuell auf sie einzugehen, reagieren wir automatisch mit im Laufe der Jahre eingeschliffenen VERHALTENSMUSTERN.

Als Eltern kennen wir viele Situationen, in denen wir unseren Kindern gegenüber automatisch reagieren. Sind wir etwa unter Zeitdruck und unser Kind will etwas von uns, antworten wir oft ganz beiläufig auf seine Frage oder lehnen eine Bitte schnell ab, weil uns das im Moment scheinbar weniger Mühe macht. Wir halten nicht selbstverständlich erst einmal inne und stimmen uns auf das Kind ein. Wir reagieren, statt zu antworten. So entstehen viele Missverständnisse und Konflikte, die allen Beteiligten das Leben schwer machen.

Mit Achtsamkeit können wir rechtzeitig erkennen, ob wir uns gerade in solchen automatischen Gedanken- und Gefühlsabläufen befinden. So haben wir die Chance, diese zu unterbrechen und unsere eingeschliffenen Gewohnheiten und Verhaltensmuster zu knacken. Wenn wir wollen, können wir unser Verhalten dann ändern – nicht um alle Automatismen loszuwerden. Denn diese sind ja oft nützlich, um unseren Alltag zu bewältigen. Sondern um sie BEWUSST ABSCHALTEN zu können und nicht automatisch auf unser Pferd zu springen, wenn es losgaloppieren will. Ab Seite 70 erfahren Sie mehr zum Alltagsbewusstsein und wie Sie es mithilfe der Achtsamkeit dann ausschalten können, wenn es sinnvoll ist.

Gelassen loslassen

Ein Mehr an Achtsamkeit wird Ihnen auch noch etwas anderes schenken: Gelassenheit, also die Fähigkeit, allen Aspekten des Lebens mit AKZEPTANZ und MITGEFÜHL zu begegnen, egal was passiert. Auch Ihr Kind werden Sie mit einer achtsamen Haltung besser so sein lassen können, wie es ist. Denn je genauer Sie sein Wesen erfassen, umso leichter fällt es Ihnen, Ihr Kind zu akzeptieren, ohne es in eine bestimmte Richtung lenken zu wollen.

Der Umgang zwischen Ihnen wird unkomplizierter werden, weil Sie nicht mehr jede Kleinigkeit so wichtig nehmen und nicht mehr so viel regeln wollen. Gerade in der Erziehung kann diese Haltung ausgesprochen befreiend wirken. Denn es fällt uns leichter, unseren Kindern die Möglichkeit zu geben, die Welt auf ihre Weise zu entdecken, nicht auf unsere. Wir lassen Kinder ihren Weg gehen, ihre Erfahrungen machen. Wir eröffnen ihnen die Chance, die Welt mit ihren eigenen Augen zu sehen. Wir verspüren weniger das Bedürfnis, unsere Kinder überzuversorgen, ihnen alles abzunehmen, für sie zu entscheiden.

Wenn Sie also das Nötigste beachten, kann nur wenig schiefgehen. Das Nötigste steckt vor allem in der BEZIEHUNGSQUALITÄT. Dabei ist nicht wichtig, was wir im Moment denken oder fühlen – denn wir wissen ja, das geht vorbei –, sondern welche Absichten, welche Intentionen wir verfolgen. Wir konzentrieren uns mithilfe der Achtsamkeit selbstverständlicher auf unsere langfristigen Ziele, wir behalten sie im Auge und rufen sie uns so oft wie möglich im Umgang mit unserem Kind in Erinnerung. Mithilfe dieser Achtsamkeit können wir eher Entscheidungen treffen, die aus der Herzensbeziehung zu unserem Kind hervorgehen und die deshalb in starkem Maße von Güte und Weisheit getragen sind. Auf diesem Weg wollen wir Sie in den folgenden Kapiteln begleiten und Ihnen dafür Impulse geben.

> **Wer früher achtlos war,
> es später aber nicht ist,
> erhellt die Welt wie der Mond,
> wenn sich die Wolken verzogen haben.**
>
> [Buddha]

Zum Abschluss des Kapitels können Sie noch Energie auftanken. Denn die folgende Übung stellt ein wertvolles Werkzeug zur Regeneration dar. Die Beziehung zu Ihrem Kind wird sich erheblich verbessern, wenn Sie einen Weg finden, auf dem Sie die innere Nahrung bekommen, die Sie brauchen. Gerade im Alltag mit Kindern ist es wichtig, immer mal wieder freundlich bei sich selbst vorbeizuschauen.

ÜBUNG

Energie auftanken:
Mit sich selbst in Verbindung treten

Diese Übung dient dazu, mit uns selbst und unserer Erfahrung auf wohlwollende Weise Kontakt aufzunehmen. Wenn wir uns in unserem »Erledigungsmodus« verlieren, spüren wir uns selbst und unsere eigenen Bedürfnisse kaum – und wenn dann noch etwas Unvorhergesehenes geschieht oder unsere Kinder etwas von uns wollen, verlieren wir leicht die Geduld. Wenn wir aber häufiger mit uns selbst in Verbindung treten, erkennen wir vielleicht früher, was in uns vorgeht. Wir spüren, dass wir eine kleine Auszeit brauchen oder auf welche Weise wir auch immer für uns selbst sorgen wollen. Und dies wiederum ist eine wichtige Voraussetzung, für die Bedürfnisse unserer Kinder empfänglich zu sein und ihnen einfühlsam statt mit Ungeduld zu begegnen.

→ Erinnern Sie sich, dass es bei dieser Art Übung nichts Bestimmtes zu erreichen gibt, nichts, was Sie richtig oder falsch machen könnten. Von daher brauchen Sie sich auch nicht anzustrengen.

→ Sie können diese Übung im Sitzen ausüben oder im Liegen. Wenn Sie möchten, können Sie zu Beginn der Übung die Augen schließen. Ansonsten richten Sie den Blick einfach vor sich auf den Boden oder an die Decke, ohne etwas Bestimmtes zu fixieren.

→ Atmen Sie ein paar Mal bewusst ein und aus, um bei sich selbst anzukommen, und lassen Sie sich einfach die Zeit, die Sie brauchen, um vom üblichen Modus des Tuns, des Denkens, des Erledigens zu einem Zustand des Seins, des Spürens zu kommen, in dem es nichts zu bewerten oder zu verändern gibt. Treten Sie einfach auf wohlwollende und freundliche Weise mit Ihrem Körper in Kontakt, so wie Sie ihn im Moment vorfinden, und begeben Sie sich auf eine kleine Entdeckungsreise durch Ihren Körper.

→ Spüren Sie den Kontakt zum Stuhl oder zu Ihrer Unterlage, wenn Sie liegen.

→ Registrieren Sie, wo die Berührung stattfindet, und erspüren Sie die Haltung Ihrer Hände, Ihres Rückens, Ihres Kopfes.

→ Wo nehmen Sie Ihren Atem am besten wahr? Begleiten Sie ihn aufmerksam, ohne ihn beeinflussen zu wollen.

→ Richten Sie dann Ihre Aufmerksamkeit nach innen: Wie fühlt sich Ihr Körper im Moment an? Wo spüren Sie sich, wo ist vielleicht eher ein Niemandsland? Fühlen Sie sich schwer oder leicht? Gibt es irgendwo Verspannungen oder Schmerzen?

→ Mit der Zeit können Sie mit Ihrer inneren Stimmungslage Kontakt aufnehmen, mit Ihren Gefühlen, Ihren Empfindungen. Wenn Sie möchten, können Sie sich mit Ihrem Vornamen innerlich begrüßen, sich nach Ihrem Befinden erkundigen – mit einem ähnlich wohlwollenden Interesse, wie Sie nach dem Befinden einer guten Freundin oder eines guten Freundes fragen würden: »Wie geht es dir im Moment? Ist deine Stimmungslage ruhig oder unruhig?« Vielleicht brauchen Sie die Erkundigung bei sich selbst auch gar nicht, steigen automatisch mit dem Erforschen der Körperempfindungen schon Gefühle auf: Traurigkeit, Unruhe, Wut – was auch immer sich rühren mag.

→ Nehmen Sie Ihre Gefühle einfach nur freundlich wahr, ohne über deren Ursache zu grübeln, sie zu bewerten oder etwas verändern zu wollen. Geben Sie allem Raum, was Sie in sich vorfinden.

→ Und schließlich können Sie Ihre innere Antenne auch auf Ihre Gedanken richten: Was beschäftigt Sie im Moment? Was geht in Ihnen vor? Nehmen Sie wieder nur wahr und registrieren Sie, wie Ihre Gedankenwelt gerade aussieht.

→ Zum Abschluss lassen Sie sich einfach die Zeit, die Sie brauchen, um diese Übung für sich selbst abzuschließen, die Augen zu öffnen und wieder zu Ihrem Alltag zurückzukehren.

Entdecken Sie Ihr Kind mit Buddhas Augen

→ Wenn Sie Ihr Kind ganz unvoreingenommen sehen können, wird sich Ihnen ein kleines Wunder offenbaren. Denn es trägt einen großen Schatz in sich, in der buddhistischen Lehre das »grundlegende Gutsein« genannt. In diesem Kapitel erfahren Sie, wie Sie diesen Schatz in Ihrem Kind wahrnehmen können und diesen Blickwinkel auch in stressgeplagten Zeiten nicht aus den Augen verlieren.

Ihr Kind
ist einzigartig

Jedes Kind, jeder Mensch ist einmalig und mit ganz besonderen Eigenschaften und Talenten ausgestattet. Mit dieser individuellen inneren Natur kommen wir zur Welt. Die einzigartige Verbindung von physischen, genetischen, geistigen, emotionalen und spirituellen Eigenschaften und Potenzialen ist unser ureigenstes Wesen, unsere Essenz – das, was wir wirklich sind. Wie alle lebenden Organismen tragen auch wir Menschen unser ganzes Potenzial in uns: Wir sind in uns vollkommen.

Dieser individuelle Reichtum in uns will sich entfalten und in der Welt verwirklichen können. Je mehr es uns möglich ist, gemäß unserer inneren Natur zu leben, desto erfüllter, zufriedener, aber auch kreativer und leistungsfähiger werden wir sein. Dazu brauchen wir allerdings UNTERSTÜTZUNG. Denn die meisten unserer Eigenschaften sind bei der Geburt bloß als Anlage vorhanden und werden sich nur dann entfalten, wenn unsere Eltern, die Umwelt und (später) auch wir selbst die dafür nötigen Voraussetzungen schaffen.

Genügend Raum zur Entfaltung lassen

Nur wenn Eltern akzeptieren, dass ihr Kind ein eigenständiges Wesen ist und sich nicht nach ihren Vorstellungen entwickeln muss, kann der Raum zur eigenen Entfaltung entstehen. Ohne diese Akzeptanz und ohne das Bemühen, das Wesen ihres Kindes wirklich wahrzunehmen, werden Eltern zwar bestimmte Anteile der Essenz eines Kindes unterstützen, andere aber vernachlässigen, verleugnen oder gar durch Bestrafung unterdrücken. Ein Erwachsener, dessen echte Potenziale sich in der Kindheit nicht entfalten durften, wird sich entsprechend schwerer tun, diese wiederzuentdecken, anzunehmen und ein erfülltes Leben zu führen. Deshalb ist es so wesentlich, dass wir nicht uns selbst in unseren Kindern sehen, sondern sie als eigenständige Wesen wahrnehmen und ihnen mit besonderer Achtsamkeit begegnen.

Diese Haltung ist in unserer Kultur noch nicht so selbstverständlich, wie man meinen möchte, denn wir gehen in der Regel davon aus, dass Kinder das Produkt ihrer Eltern sind, dass sie nicht nur ihr Äußeres, sondern auch ihr Wesen von ihnen geerbt hätten. Erkennen wir keine auffälligen Ähnlichkeiten, gelten die Kinder meist als »aus der Art geschlagen« und zählen oft zu den wirklich schwierigen Fällen in puncto Erziehung. Wir nehmen dann normalerweise an, dass sich auch diese Kinder bei »guter« Erziehung in irgendeiner Form an uns Eltern anpassen werden. Wir glauben (oder hoffen), dass sie im Idealfall sogar einmal in unsere Fußstapfen treten, also vielleicht später mal den Handwerksbetrieb oder die Kanzlei übernehmen werden.

> **Erziehung** streut keinen Samen in die **Kinder** hinein, sondern lässt den Samen **aufgehen,** der in ihnen liegt.
>
> [Khalil Gibran | *libanesisch-amerikanischer Schriftsteller (1883–1931)*]

Das innere Wesen entdecken

Die Sicht, ein Kind müsse durch die richtige Erziehung geformt werden, herrscht vor, obwohl Eltern ganz andere, einschneidende Erfahrungen machen, die meist schon mit der Geburt des Kindes beginnen. Für fast alle Eltern, die das eigene Kind das erste Mal sehen, ist das ein unvergesslicher Moment voller Erleichterung, Glück und oft auch Erstaunen. Denn selbst wenn sie keine konkrete Vorstellung von ihrem Baby hatten, sind doch viele verwundert beim Anblick des Neugeborenen: So hätten sie sich ihr Kind nicht vorgestellt, berichten Eltern immer wieder, ohne genau sagen zu können, wie sonst. Beim genaueren Nachfragen stellt sich dann oft heraus, dass das Neugeborene so unerwartet »vollkommen« schien, wie es die Mutter unten ausdrückt. Ist das vielleicht der Blick auf das innere Wesen des Kindes?

Erfahrungsbericht

Silke, 32, kurz nach der Geburt ihres ersten Kindes:

Mein erster Gedanke, als ich meine kleine Tochter nach der Geburt in den Armen hielt, war: Wie perfekt ist mein Baby – es wirkt so ganz bei sich selbst! Ich sah eine scheinbar erfahrene, vollkommene Seele aus den Augen meines Kindes strahlen. Was hatte ich eigentlich erwartet? Jedenfalls nicht, dass ich einen »richtigen« Menschen zur Welt bringen, ein scheinbar vollendetes Wesen in Empfang nehmen würde. In den Wochen nach der Geburt war ich oft traurig, denn ich hatte Angst, dass ich eigentlich nur noch etwas falsch machen kann.

Später fand ich dann das Bild eines Mandalas für diese Erfahrung: Ich stelle mir vor, die Seele befindet sich bei der Geburt im Zentrum, aus dem sie sich nach außen wegbewegen wird, um später wieder zu sich, zu ihrem Kern zurückzukehren – dann allerdings gereift um die Erfahrung eines Lebens. Diese Vorstellung gefällt mir sehr.

Auserwählte Eltern?

In der buddhistischen Kultur können wir neue Impulse finden, denn hier ist diese Sicht auf ein Neugeborenes ganz selbstverständlich. Durch den vorherrschenden Glauben an die Wiedergeburt erwartet niemand, bei der Geburt ein »unbeschriebenes Blatt« in Empfang zu nehmen. Vielmehr wird davon ausgegangen, dass die wiedergeborene Seele des Kindes schon viel erlebt haben könnte und noch viel erleben wird. Und vielleicht ist sie sogar ein hoch entwickelter geistiger Lehrer, der in unserem Haus Einzug hält? Dadurch ist die buddhistische Erziehung von einem TIEFEN RESPEKT für jedes einzelne Kind geprägt, und es ist in dieser Tradition undenkbar, ein Kind abfällig oder herablassend zu behandeln.

Vielen Eltern – auch hierzulande – gefällt die Vorstellung, dass sie von ihrem Kind quasi auserwählt wurden, dass es auf jeden Fall kein Zufall war, dass es ausgerechnet zu ihnen gekommen ist. Es erfüllt sie mit Freude, Stolz und Dankbarkeit, auch mit einem besonderen Verantwortungsgefühl. Und sie genießen es, in ihren Kindern Eigenschaften und Potenziale zu entdecken, die ihnen selbst fehlen, die sie bereichern und in ihrer eigenen Entwicklung fördern. Auch wenn das Leben mit Kindern eine große Herausforderung sein kann, so birgt es für Eltern doch einmalige Möglichkeiten zum inneren Wachstum.

Auf die Suche gehen

Wenn das für Sie ein neuer Aspekt ist, können Sie mit der Übung auf Seite 40 einfach einmal ausprobieren, was diese Vorstellung in Ihnen auslöst. Doch egal ob wir an die Wiedergeburt glauben oder nicht, wir können uns jederzeit auf die Suche nach unserem INNEREN WESEN begeben und auch die wesenseigene Schönheit in unseren Kindern entdecken.

Nehmen Sie sich für die folgende Achtsamkeitsübung also ein wenig Zeit, und sorgen Sie dafür, dass Sie möglichst ungestört sind. Stellen Sie für die Dauer der Übung alles beiseite, was Sie im Moment gerade beschäftigt. Dann nehmen Sie Ihre bevorzugte, möglichst aufrechte Haltung ein, atmen ein paarmal ruhig ein und aus und lassen sich einige Minuten Zeit, um erst einmal bei sich selbst anzukommen.

ÜBUNG

Ihr Kind – ein offenes Geheimnis

→ Wenn Sie bereit sind, begeben Sie sich auf eine Reise zurück zu den ersten Tagen mit Ihrem Kind, vielleicht zu seiner Geburt. Selbst wenn diese schwierig oder gar traumatisch war – alle Beteiligten haben es überlebt, und nun gehen Sie ein Stück Ihres Lebensweges gemeinsam.

→ Stellen Sie sich einfach vor, dass diese Erde so etwas wie ein Lernfeld für Seelen ist – eine Umgebung, in der sie wachsen und sich entwickeln können. Und dass jede Seele – also auch Ihr kleines, gerade angekommenes Kind – dabei in eine Situation geboren wird, die für sie die entsprechenden Erfahrungsmöglichkeiten bietet.

→ Machen Sie sich nun bewusst, dass Ihr Kind Sie und Ihre Familie ausgewählt hat. Was empfinden Sie bei dieser Vorstellung? Bedenken, Zweifel, Euphorie – alles darf auftauchen. Nehmen Sie diese Gefühle einfach nur wahr, lassen Sie sie dann weiterziehen, und beurteilen Sie nichts.

→ Öffnen Sie nun bewusst Ihr Herz für das innere Wesen Ihres Kindes, und versuchen Sie zu erspüren, was es für Ihr Kind bedeutet, sich in Ihre Obhut zu begeben. Können Sie fühlen, wie sehr es Ihre Zuwendung braucht, es gesehen und geliebt werden möchte, so wie es ist? Wie es in Liebe mit Ihnen verbunden sein möchte und sich gleichzeitig den Freiraum wünscht, es selbst zu sein und über sich hinauszuwachsen?

→ Als Begleitung für diese Reise hat es Sie ausgesucht – obwohl Sie vielleicht weit davon entfernt sind, perfekt zu sein. Sehen Sie es als eine Einladung an, gemeinsam zu wachsen, gemeinsam leben zu lernen. Wie wäre es, diese Einladung anzunehmen?

→ Verweilen Sie, so lange Sie möchten, bei dem innigen Gefühl für Ihr Kind. Wenn Sie bereit sind, rekeln Sie sich und gehen Sie mit dem Geschenk der eben gemachten Erfahrung achtsam in Ihren Alltag zurück.

Das grundlegende Gutsein

In der buddhistischen Lehre spielt das angeborene innere Wesen eine wichtige Rolle. Es wird als »Buddha-Natur« oder »grundlegendes Gutsein« bezeichnet, das jedem Menschen innewohnt – weshalb auch jeder ein POTENZIELLER BUDDHA ist. Diesen authentischen Kern können wir in uns erfahren, wenn wir uns und unserer Umwelt achtsam und offen begegnen. Leider wird die wahre Natur eines Menschen oft im Laufe des Lebens immer mehr verschüttet. Deshalb ist es gerade für uns Eltern ein besonderes Geschenk, diese wesenseigene Schönheit in unseren Kindern entdecken zu dürfen – und das noch viel unverstellter als bei Erwachsenen.

Als Eltern können wir aber auch dafür Sorge tragen, dass die wesenseigene Essenz unserer Kinder in ihrem ganzen Ausmaß zum Vorschein kommen und sich entfalten kann, indem wir sie nicht unterdrücken, sondern sehen, anerkennen und würdigen. Das heißt natürlich nicht, dass wir ein selbstgefährdendes oder auf andere Weise auffälliges Verhalten eines Kindes einfach ignorieren sollen. Selbstverständlich müssen wir damit umgehen und versuchen, eine angemessene ANTWORT zu finden – darauf wird ab Seite 121 noch genauer eingegangen. Doch wir können uns bemühen, uns sein grundlegendes Gutsein immer wieder ins Bewusstsein zu rufen, und uns darauf beziehen, statt unser Kind zu beurteilen und stur in eine uns gefälligere Richtung lenken zu wollen. Vielleicht ist es zunächst unbequemer, zu ergründen, warum ein Kind beispielsweise ständig seine Sachen kaputt macht oder kaum eine Minute still sitzen mag. Doch wenn wir es einfach in die Ecke »schwierig« stellen und gegen sein Verhalten ankämpfen, wird der Umgang miteinander ganz bestimmt nicht einfacher. Mit der nötigen Achtsamkeit entdecken wir stattdessen vielleicht den Forschergeist hinter dem Auseinandernehmen der Spielsachen oder ganz neutral einen starken Bewegungsdrang hinter seiner »Zappeligkeit«. Wenn

> Mit jedem **Kind** wird die Möglichkeit
> einer neuen Welt **geboren**.
> Wenn wir **aufhören** könnten,
> es in die uns vertrauten
> **Formen** hineinzudrängen,
> und stattdessen dem innewohnenden,
> grundsätzlich **Guten Raum** geben würden,
> könnte sich dieses
> in jedem **Menschen** manifestieren.
>
> [Katharina Martin | *deutsche Diplompsychologin
> und Gestalt-Therapeutin*]

wir so unvoreingenommen und achtsam sein Wesen und seine Bedürfnisse wahrnehmen, können wir entsprechend darauf eingehen, und der Alltag wird für alle viel entspannter (siehe auch Seite 62).

Das Selbstwertgefühl

Bei sehr vielen Menschen in unserem Kulturkreis herrscht ein großer Mangel an SELBSTWERTGEFÜHL. Denn das Bewusstsein um das grundlegende Gutsein eines jeden Menschen, wie es in der buddhistischen Tradition selbstverständlich ist, ist bei uns nicht gerade stark ausgeprägt. Wenn wir selbst Eltern hatten, denen wir es nie recht machen konnten, die uns nie das Gefühl gaben, so wie wir sind, richtig zu sein, dann fühlten wir uns schon als Kinder ungenügend und haben dieses Empfinden vielleicht bis ins Erwachsenenalter bewahrt. Um das mangelnde Selbstwertgefühl auszugleichen, wurden alle möglichen Techniken, wie etwa das positive Denken, entwickelt. Es mag zwar einen gewissen Effekt haben, wenn wir uns immer wieder einreden, dass wir okay sind, aber letztlich haben diese Affirmationen keine heilende Wirkung. Eine wirkliche Hilfe kann hier die Metta-Meditation bieten, die Sie ab Seite 110 kennenlernen. Können wir uns selbst so akzeptieren, wie wir sind, gelingt es uns auch besser, unser Kind in seinem ganz eigenen Wesen zu sehen und anzunehmen. So kann in ihm eine tiefe INNERE SICHERHEIT darüber entstehen, dass es nichts tun oder leisten muss, um wertvoll zu sein, sondern dass es an sich liebenswert ist. Zudem ist es weitaus beglückender und konfliktärmer, wenn wir unser Kind nicht gegen den Strich bürsten, sondern es ihm ermöglichen, sich gemäß seiner Natur zu entfalten. Das mag einfach klingen, ist aber immer wieder eine Herausforderung.

Echte Entwicklungsbedürfnisse anerkennen

Wir sind geprägt von unserer Erziehung und von der Kultur, in der wir aufgewachsen sind. Und ob uns dies bewusst ist oder nicht, haben wir viele Vorstellungen und Ideen, wie ein Kind sein sollte. Und nur allzu selten berücksichtigen unsere Vorstellungen oder auch Wünsche die echten Entwicklungsbedürfnisse von Kindern. Stellen wir uns ein Mädchen vor, dessen innere Natur sehr temperamentvoll ist, das am liebsten in Jungenkleidung im Matsch und auf Bäumen spielt und lange Haare albern findet. Und stellen wir uns vor, dieses Mädchen wurde in eine Familie geboren, die sich sehnlichst ein »richtiges« Mädchen gewünscht hat, dem die Mutter hübsche Zöpfchen ins Haar flechten und niedliche Kleider kaufen kann und die von friedlichen Nachmittagen beim Puppenspiel träumt. Was bedeutet das für das innere Wesen des Mädchens? Es kann den Erwartungen seiner Eltern nie genügen, wenn es sich nicht komplett verbiegt und verleugnet. Stellen wir uns dann erst vor, dieses Mädchen wäre 50 bis 100 Jahre früher geboren worden, als es undenkbar war, dass Mädchen anders als still und brav und sauber waren! Es kommt nicht von ungefähr, dass »Pippi Langstrumpf« von Astrid Lindgren zunächst in manchen Ländern verboten werden sollte und in den meisten zu heftigen Kontroversen geführt hat. Ihre Originalität und besonders ihr ungezähmtes Wesen waren eine ernsthafte Bedrohung für eine Kultur, in der Gehorsamkeit – vor allem für Mädchen – einen wesentlichen Wert darstellte.

Oder stellen wir uns vor, ein künstlerisch begabter Junge würde in eine Familie geboren, die Musik für Zeitverschwendung hält und ihn überredet, etwas »Anständiges« zu lernen, damit er es im Leben zu etwas bringt. Diese Eltern würden aus den besten Motiven heraus handeln – es wäre ihre feste Überzeugung, dass dies das einzig Richtige für ihr Kind sei. Aber es wäre ganz offensichtlich vollkommen am inneren Wesen des Jungen vorbei. Die meisten Menschen kennen das Gefühl, nicht als die gesehen zu werden, die sie sind. Vielleicht haben auch Sie sich als Kind oft unverstanden und fremd gefühlt. Die folgenden Überlegungen können dabei helfen, sich dessen bewusst zu werden und Wesensunterschiede Ihres Kindes besser zu akzeptieren.

ÜBUNG

Wie sehen Sie Ihr Kind – wie wurden Sie gesehen?

→ Nehmen Sie sich ein paar Minuten Zeit, und stellen Sie sich folgende Fragen:
- Erleben Sie Ihr Kind in irgendeiner Hinsicht als »aus der Art geschlagen«?
- Wenn ja, ist das für Sie eher schwierig, oder erleben Sie es als anregend?
- In welchen Momenten fühlten Sie sich als Kind fremd, nicht verstanden von Ihren Eltern?
- Wie ging es Ihnen dabei?
- Wurden Sie als Kind mit einem Elternteil verglichen?

Bilder erkennen,
Erwartungen loslassen

Um das Wesen unseres Kindes zu entdecken, müssen wir uns erst einmal bewusst werden, welches Bild wir von ihm haben. Ein solches Bild setzt sich aus vielen Eigenschaften zusammen, die wir unserem Kind zuschreiben, positive wie negative, im Charakter wie im Verhalten. Die Übung auf der nächsten Seite kann Ihnen mehr Klarheit darüber verschaffen, wie Sie Ihr Kind wahrnehmen. Obwohl Sie dabei ausdrücklich NICHT BEWERTEN sollen, werden Sie dies vermutlich tun, denn bestimmte Eigenschaften sind in unserer Kultur und Sprache automatisch positiv oder negativ belegt. Diese Vorgehensweise ist typisch, wenn wir andere Menschen beschreiben sollen.

Schubladendenken vermeiden

Wir bewerten im Geist ständig unsere Eindrücke, wir schieben sie in Ablagen mit der Aufschrift »gut«, »schlecht«, »schwierig«, »angenehm« und Ähnliches. Auch wenn wir unser Kind erleben, beurteilen wir es meist unbewusst permanent. Aus diesen URTEILEN setzt sich dann das Bild zusammen, das wir von unserer Tochter oder unserem Sohn haben. Wir kommen dann zum Beispiel zu folgenden Schlüssen: »Mein Kind kann logisch denken«, »Mein Kind ist faul«, »Mein Kind ist bockig«, »Mein Kind ist sportlich«. Mit solchen Beurteilungen – positiven wie negativen – stecken wir unser Kind in Schubladen, aus denen es nur schwer wieder herauskommt. Denn das Bild, das wir uns von einem Menschen machen, legt ihn auf diese Eigenschaften fest. Wenn wir ein Kind einfach als schwierig, aggressiv oder gar böse ansehen, so verstärken wir diese Tendenzen noch. Denn damit beeinflussen wir auch sein Selbstbild. Wenn ein Kind

ÜBUNG

Welche Eigenschaften hat Ihr Kind?

→ Nehmen Sie sich ein wenig Zeit, und atmen Sie ein paarmal tief ein und aus, um erst einmal bei sich selbst anzukommen.

→ Wenn Sie bereit sind, stellen Sie sich auf Ihr Kind ein.

→ Schreiben Sie alles in Ihr Notizbuch, was Ihnen zu Ihrem Kind einfällt, ohne lange zu überlegen oder zu bewerten, einfach was Ihnen in den Sinn kommt: die Schwangerschaft, seine Geburt, das Leben mit ihm bis zu diesem Punkt.

- Was haben Sie für ein Bild von Ihrem Kind?
- Welche Eigenschaften mögen Sie, womit haben Sie Schwierigkeiten?

Vielleicht können Sie diese in unterschiedlichen Farben unterstreichen oder in zwei Spalten schreiben. Wenn Sie Ihre Notizen in einigen Monaten noch einmal lesen, entdecken Sie möglicherweise, dass Ihnen manches gar nicht mehr so schwierig erscheint – oder dass Ihr Kind sich verändert hat. Schreiben Sie einfach alles auf, auch wenn es Ihnen überflüssig vorkommt oder peinlich ist – Sie brauchen es ja niemandem zu zeigen.

dauernd hört »Du bist so faul«, dann glaubt es das irgendwann auch und wird wenig an dieser vermeintlichen Tatsache ändern. Schließlich verdichtet sie sich zu einer immer schwerer aufzulösenden Persönlichkeitsstruktur, während die wahre Natur des Kindes immer mehr verdeckt wird. Wirklich »neutral« wahrzunehmen gelingt uns nur, wenn wir uns das bewusst machen und uns unserer Gedanken achtsam gewahr werden. Dann erkennen wir auf einmal, dass Gedanken nur flüchtige Momentaufnahmen sein können, die wir einfach loslassen dürfen. Wir können auf diese Weise lernen, unsere Gedanken nicht mit der Wirklichkeit gleichzusetzen (siehe auch ab Seite 19). Die Übung auf Seite 47 kann Sie unterstützen, Bilder, die Sie von Ihrem Kind haben, loszulassen.

Nach dieser Übung wird Ihnen vielleicht deutlicher werden, dass alle Beschreibungen Ihres Kindes nur Momentaufnahmen sind, subjektiv wahrgenommene Bruchstücke, die kein festes Bild ergeben, sondern eines, das permanent im Wandel ist. Erleben Sie Ihr Kind in einem Moment als besonders stur, kann dieselbe Eigenschaft in einem anderen Zusammenhang seinen starken Willen bezeugen und Sie sehr stolz machen. Wenn Sie sich der Bilder bewusst werden, die Sie von Ihrem Kind haben und die den Blick auf die Essenz behindern, haben

ÜBUNG

Ihr Kind neu sehen

→ Nehmen Sie sich erneut ein wenig Zeit, und atmen Sie tief durch, um erst einmal zur Ruhe zu kommen.

→ Wenn Sie bereit sind, stellen Sie sich wieder auf Ihr Kind ein, und versuchen Sie, Ihr Kind ganz neu kennenzulernen:

- Was nehmen Sie jetzt, hier und heute von ihm wahr?
- Was mag Ihr Kind gern, was interessiert es, wo ist es besonders lebendig und mit Herz und Seele dabei, was isst es gern, was zieht es gern an, was gefällt ihm in der Welt, wo erlebt es Freude, wann ist es ausgeglichen?
- Welcher Ton passt zu ihm, welche Melodie, welche Farbe, welches Tier, welche Worte …?

→ Erzwingen Sie nichts, lassen Sie sich einfach Raum und warten Sie ab, ob Ihnen etwas einfällt. Versuchen Sie, Ihr Kind wie ein wohlgesinnter, liebevoller Außenstehender zu sehen, der sich für diesen Menschen interessiert.

→ Erkennen Sie einige Punkte, in denen sich das Bild, das Sie von Ihrem Kind hatten, von dem unterscheidet, was Sie jetzt von ihm wahrnehmen?

Sie die Chance, es wirklich in seinem Wesen zu erfassen. Und Ihr Kind kann sich so zeigen, wie es wirklich ist. Wenn es nicht Ihren Erwartungen gerecht werden muss, kann es seinen eigenen Weg finden, seine Träume leben und sich selbst verwirklichen.

Leben Sie Ihr eigenes Leben

Viele Erwachsene hadern mit sich, weil es ihnen nicht gelungen ist, ihre Träume von einst zu verwirklichen. Vielleicht kennen Sie auch Geschichten, in denen Menschen erst als sie todkrank wurden, ihrem Leben eine neue Wendung gaben und es zu ihrem eigenen Leben machten. Wenn uns ein solches menschliches Schicksal begegnet, denken wir vielleicht auch wieder an unsere eigenen TRÄUME und nehmen uns ganz fest vor, diese noch auszuleben, bevor es zu spät ist.

Es ist wichtig, dass wir unsere eigenen Ziele und Wünsche nicht aus den Augen verlieren, uns immer wieder daran erinnern, was uns einmal wichtig war, was wir uns vorgenommen haben für unser Leben. Weniger wichtig ist es, ob wir alle Träume auch verwirklichen können. Denn immer wieder kommen wir in Situationen, in denen wir einen Wunsch zugunsten eines anderen loslassen müssen. Es passt zum Beispiel nicht besonders gut zusammen, Individualreisen in die exotischsten Länder zu buchen und gleichzeitig die VERANTWORTUNG für Kinder zu übernehmen. Ist dieser Wunsch auch später noch wichtig, können wir uns Abenteuerlust und Fernweh immer noch hingeben, wenn die Kinder aus dem Haus sind.

Die folgende Übung kann Ihnen dabei helfen, konstruktiv mit Ihren Lebenswünschen umzugehen und zu vermeiden, dass Sie eigene unerfüllte Sehnsüchte auf Ihre Kinder übertragen. Vielleicht wiederholen Sie die Übung in regelmäßigen Abständen, um sich an Ihre Lebensziele und Träume zu erinnern. Doch nun nehmen Sie am besten wieder Ihr Notizbuch zur Hand.

ÜBUNG

Lebenswünsche überprüfen

→ Nehmen Sie sich ein wenig Zeit, gehen Sie in sich, und erinnern Sie sich an Ihre Ziele und Träume, die großen und die kleinen, die privaten wie die beruflichen, die vergangenen und die gegenwärtigen.

→ Listen Sie dann in Ihrem Notizbuch alle diese Wünsche und Träume auf, und vergessen Sie auch die nicht, die sich schon verwirklicht haben.

→ Wenn Sie mit der Liste fertig sind, unterstreichen Sie alle Wünsche, die Ihnen jetzt und heute noch wichtig sind. Streichen Sie alle durch, die für Sie nicht mehr von Bedeutung sind.

→ Haken Sie in einem nächsten Schritt alle Wünsche ab, die sich bereits erfüllt haben: Kinder, ein Haus, regelmäßige Urlaube oder was auch immer.

→ Behalten Sie Ihre unerfüllten Ziele im Auge, und klopfen Sie diese in regelmäßigen Abständen daraufhin ab, ob sie noch aktuell sind und wie wichtig sie sind, ob sich zwischenzeitlich einige erledigt haben und was Sie tun können, damit sich der ein oder andere Wunsch erfüllt.

Vielleicht haben Sie durch diese Übung auch festgestellt, dass Ihr Glück nicht von der Erfüllung bestimmter Wünsche abhängt. Sehen Sie sich die »abgehakten« Träume an: Haben diese Ihre Erwartungen erfüllt? Sind Sie deshalb heute ein glücklicherer Mensch? Vermutlich nicht. Und Sie werden wahrscheinlich auch nach der Erfüllung Ihrer anderen Ziele nicht glücklicher werden, als Sie es jetzt sind. Woran liegt das? Glück kann nur in der Gegenwart stattfinden, nicht in der Zukunft. Wir haben nur die Möglichkeit, jetzt und heute und hier an diesem Ort glücklich zu sein, in der Situation, in der wir uns im Moment befinden. Machen wir unser Glück von der Erfüllung von Wünschen und Zielen in der Zukunft abhängig, werden wir leiden und unglücklich sein.

> Glück findet sich nicht mit dem **Willen** oder durch große **Anstrengung**. Es ist **immer** schon da, vollkommen und **vollendet**, im **Entspannen** und Loslassen.

[Gendün Rinpoche | *tibetischer Meditationsmeister (1917–1997)*]

Alles wird besser werden, wenn … wir in einem Haus wohnen, ein weiteres Kind bekommen, endlich den richtigen Partner finden, eine andere Arbeitsstelle antreten oder was auch immer. So verschieben wir unser Glück auf morgen, indem wir uns eine rosige Zukunft ausmalen, statt das Beste aus unserer augenblicklichen Situation zu machen.

Träume sind nicht übertragbar

Wenn wir unsere Wünsche nicht selbst in die Hand nehmen, kann es passieren, dass wir sie auf unsere Kinder übertragen und erwarten, dass diese sie verwirklichen. Doch unsere Kinder werden kaum dieselben Träume haben wie wir. Da deren eigene Lebensträume und -ziele sich erst noch entwickeln müssen, ist im Kindesalter nur selten abzusehen, wohin die Reise des Lebens gehen könnte.

Das verleitet Eltern zusätzlich, ihre Kinder in eine bestimmte Richtung zu lenken, die ihnen selbst erstrebenswert erscheint. Sie entwerfen oft ein Lebensprogramm für ihre Kinder, das wenig Spielraum – im wörtlichen und im übertragenen Sinne – lässt. Das Kind wird dann schon möglichst früh in Englisch unterrichtet (um für seine Zukunft vorzusorgen), bekommt Klavierunterricht (weil Musizieren seine Intelligenz fördert), und später soll es selbstverständlich aufs Gymnasium gehen, studieren und einen angesehenen Beruf ergreifen – damit es entweder in die Fußstapfen von Vater oder Mutter treten oder es mal weiter bringen kann als die eigenen Eltern. Was hier so pointiert klingt, ist in unserer Gesellschaft gang und gäbe. Dieses Vorgehen hat eigentlich nur Nachteile. Erfüllen sich die Wünsche der Eltern nicht, sind sie enttäuscht und die Kinder traurig, denn sie konnten den Erwartungen ihrer Eltern nicht genügen – was zusätzlich an ihrem Selbstvertrauen nagt und ihr Selbstbewusstsein untergräbt. Erfüllen sich die Pläne der Eltern, ist es noch immer sehr fraglich, ob die Kinder dabei glücklich werden können, denn sie leben die Sehnsüchte ihrer Eltern. Das Schlimmste dabei ist aber, dass die Kinder sich nicht gesehen und wahrgenommen fühlen mit ihren eigenen Wünschen, mit ihrem eigenen Wesen, das wahrscheinlich ganz ANDERE ZIELE im Leben verfolgt. Für die Kinder ist es bedeutend schwieriger und langwieriger, ihren eigenen Weg zu finden, nachdem sie von ihren Eltern in die Irre geführt wurden. Wenn Sie Pläne für Ihr Kind schmieden, ist die Gefahr groß, dass sich darin Ihre eigenen Träume finden, nicht die Ihres Kindes. Steuern Sie also dagegen – es ist gar nicht so schwer!

Enttäuschungen vermeiden

In einem ersten Schritt ist es sinnvoll, uns bewusst zu werden, was wir von unserem Kind erwarten. Wir hegen bestimmte Forderungen und Erwartungen und beobachten, ob sich unser Kind auch »richtig« entwickelt. Wir wünschen uns von ihm bestimmte Eigenschaften, ein bestimmtes Verhalten, bestimmte Veränderungen, weil wir genaue Vorstellungen davon haben, wie unser Kind sein soll. Wir glauben sogar manchmal, dass wir glücklicher wären oder es leichter hätten, wenn unser Kind in einer bestimmten Hinsicht anders wäre. Es liegt in der Natur des Menschen, dass wir an dem festhalten wollen, was uns angenehm ist, und unbedingt vermeiden oder loswerden möchten, was uns unangenehm ist. Wir glauben, wenn wir nur schnell genug eine angenehme Erfahrung an die andere hängen könnten, dann wären wir wirklich glücklich. Wir kämpfen ständig gegen das an, was ist: Wenn wir selbst, unsere Kinder oder unsere Umstände nur anders wären, dann wäre alles bestens. Wenn wir nur die passende Methode hätten und alles richtig machen würden, dann würde endlich alles glattlaufen! Wir glauben ständig, dass sich etwas ändern müsste, damit es uns besser ginge. Das bekommen auch unsere Kinder zu spüren – an die wir meist besonders viele Erwartungen haben. Die folgende Übung kann Ihnen helfen, Ihre Erwartungen an Ihr Kind zu erkennen.

ÜBUNG

Spurensuche: Was erwarten Sie von Ihrem Kind?

→ Nehmen Sie wieder Ihr Notizbuch zur Hand, und gönnen Sie sich etwas ungestörte Zeit. Kommen Sie zur Ruhe, und stimmen Sie sich auf Ihr Kind ein.

→ Welche Erwartungen haben Sie an Ihr Kind? Wo entspricht es diesen nicht?

→ Schreiben Sie alles auf, was Ihnen einfällt (zum Beispiel: »Ich erwarte, dass es gute Noten schreibt, fleißig ist, freundlich zu seinen Mitmenschen, ein guter Sportler, ein intellektueller Überflieger ...«). Versuchen Sie, nichts davon zu bewerten, einfach nur zu registrieren und zu notieren.

→ Wenn Sie damit fertig sind, beantworten Sie die folgende Frage: Durch welche Veränderung Ihres Kindes würden Sie Ihrer Meinung nach glücklicher?

→ Schreiben Sie alle »Wenn-Nurs« auf, die Ihnen einfallen (zum Beispiel: »Wenn es nur ordentlicher wäre, dann wäre alles gut« – »Wenn es nur besser schlafen würde ...« – »Wenn es nur mehr auf mich hören würde ...«).

Warum, glauben Sie, würde bei den eben aufgezählten Veränderungen alles besser werden? Angenommen, wir hätten bei unserem Kind die ERWARTUNG, wenn es endlich sprechen könnte, würde es weniger schreien und die Eltern-Kind-Welt wäre (wieder) in Ordnung. Warum? Wohl in erster Linie, weil unsere Nerven nicht länger so stark strapaziert werden würden. Oder wir würden erwarten, wenn unser Schulkind nur mehr lernen würde, bekäme es bessere Zensuren und dann wäre (in der Familie) alles wieder gut. Warum? Weil wir keine Nachhilfe bezahlen müssten. Und uns außerdem nicht dauernd Sorgen zu machen bräuchten, ob die Schule, auf die unser Kind geht, die richtige für es ist. Wenn wir so denken, steht immer unser eigenes Wohlbefinden im Mittelpunkt, nicht das des Kindes.

Erwartungsdruck erkennen und abbauen

»Wenn-Nurs« können uns leicht in die Irre führen, wenn wir zulassen, dass sie unser Leben bestimmen. Es kann sehr hilfreich sein, sich ihrer bewusst zu werden, damit sie nicht unterschwellig unser Verhalten bestimmen. Glauben wir ihnen, nehmen wir uns, unsere Kinder und unser Leben nie wirklich an. Nichts wird uns genügen, und wir werden nicht wirklich mit uns und anderen in KONTAKT kommen. Und glücklicher werden wir auch nicht, weil unser Glück immer in der Zukunft liegt und von anderen Menschen oder Umständen abhängt.

Wir können uns stattdessen bewusst machen, dass ein Kind nicht der verlängerte Arm seiner Eltern ist. Es ist nicht dazu da, unsere Erwartungen zu erfüllen, uns stolz und glücklich zu machen oder unseren Wunsch nach Bequemlichkeit zu befriedigen. Unser Kind ist nicht Teil von uns, wie Khalil Gibran es in seinem bekannten Gedicht »Von den Kindern« so treffend darstellt (siehe Seite 156). Versuchen Sie, Ihre Erwartungen zumindest zurückzuschrauben und einfach mal zu sehen, was kommt. Die folgenden Fragen, die Jon und Myla Kabat-Zinn entwickelt haben, können dabei hilfreich sein.

ÜBUNG

Erwartungen hinterfragen

→ Nehmen Sie wieder Ihr Notizbuch zur Hand, und widmen Sie sich den folgenden Fragen:

- Sind meine Erwartungen an mein Kind realistisch und seinem Alter angemessen?
- Erwarte ich zu viel von ihm, oder traue ich ihm zu wenig zu?
- Stärken meine Erwartungen das Selbstwertgefühl meines Kindes, oder schwächen sie es eher?
- Tragen meine Erwartungen zum Wohl des Kindes bei, zu seinem Gefühl, geliebt, umsorgt und akzeptiert zu werden?
- Fördern die Erwartungen wichtige menschliche Werte wie Ehrlichkeit, Respekt anderen gegenüber und Verantwortung für das eigene Handeln?
- Stimmen meine Erwartungen mit denen meines Partners überein?

Vielleicht erörtern Sie die Fragen auch gemeinsam mit Ihrem Partner oder einer Freundin, da es oft schwierig ist, die eigenen Erwartungen realistisch einzuschätzen.

Es ist sehr wichtig – und ebenso schwierig –, unsere Kinder losgelöst von unseren eigenen Wünschen und Träumen zu betrachten, sie nicht durch die Brille unserer Erwartungen zu sehen. Denn nur so können sie ganz sie selbst sein und ein SELBSTBEWUSSTSEIN ausbilden, das nicht daher rührt, dass sie den Erwartungen der Eltern gerecht werden, sondern daher, dass sie von innen heraus stark sind. Je weniger die Eltern erwarten, wie ein Kind sein sollte, umso größer ist seine Chance, sich wirklich entfalten zu können.

Erinnern Sie sich noch einmal an die Buddha-Natur, an das eigentliche Wesen eines jeden Menschen. Wenn Sie sich immer wieder achtsam darauf einstellen, diese Essenz Ihres Kindes wahrzunehmen, seine ganz persönlichen Eigenschaften zu entdecken, verringern Sie die Gefahr beträchtlich, Ihre eigenen Träume auf Ihr Kind zu projizieren oder es zu manipulieren.

Vielleicht besteht die Hauptaufgabe von uns Eltern ja vor allem darin, so achtsam wie möglich zu leben, vor allem auch im Umgang mit unseren Kindern. Gelingt uns das, sind wir mit uns selbst in Kontakt und erkennen, welche unsere Wünsche sind und welche die des Kindes. Und wir können uns mit derselben Achtsamkeit unseren Kindern zuwenden, uns einfühlen und ihnen widerspiegeln, wer sie sind, indem wir sie respektieren und annehmen. Auf diese Weise erfahren unsere Kinder ihren S E L B S T W E R T unmittelbar. Es gibt keinen Zweifel, auch kein Bedürfnis nach Anerkennung von außen – sie erfahren nicht nur ihren Wert, sondern sie sind wert. Im folgenden Abschnitt lernen Sie Wege kennen, um diesem Ziel näher zu kommen.

Weisheitsgeschichte

Mulla Nasrudin, ein heiliger Narr, war schon in die Jahre gekommen, und seine Sehkraft ließ beträchtlich nach. Seine ganze Freude waren seine Tauben, deren Pflege er sich täglich liebevoll widmete. Eines Tages geschah es, dass ein Adlerjunges in den Taubenschlag geriet. Als Nasrudin sich diesem wie gewohnt näherte, wollte er kaum glauben, in welchem Zustand eines seiner geliebten Kinder war. »Wie siehst du denn aus!«, rief er fassungslos. »Du bist ja völlig heruntergekommen! Es wird Zeit, dass du mal wieder eine anständige Pflege erhältst.« So nahm er die vermeintliche Taube, schnitt ihr Schnabel und Krallen zurecht und erzog sie trotz ihrer offensichtlich etwas wilden Natur zu einer anständigen Taube. Diese fügte sich schließlich ein in das Leben ihrer Mittauben – nur manchmal, wenn sie am Himmel einen Adler kreisen sah, erfüllte sie eine tiefe Sehnsucht, die sie sich nicht erklären konnte.

Dem inneren Reichtum
Raum geben

Wie kann es uns gelingen, unser Kind in seinem innersten Wesen zu sehen, sein grundlegendes Gutsein zu entdecken? Hier kommt wieder die Achtsamkeit ins Spiel: Sie ist der Schlüssel, um die wahre Natur unseres Kindes wahrzunehmen (siehe auch ab Seite 36). Denn wir kommen beim Üben von Achtsamkeit mit dem Gutsein in uns selbst und in unserem Kind in direkten Kontakt. Der tibetische Meditationsmeister Sogyal Rinpoche drückt es so aus: »Unser ganzes Leben ist eine Aufforderung, das grundlegende Gutsein zu entdecken, und eine stetige Übung, es zu verwirklichen.« Und weiter: »Durch die Praxis der Achtsamkeit kann unser gutes Herz aufscheinen und zu dem warmen inneren Klima werden, das unser wahres Wesen zum ERBLÜHEN bringt. So offenbart sich unsere essenzielle Gutherzigkeit, weil sie die Unfreundlichkeit und das Verletzende von uns nimmt.«

Akzeptanz entwickeln

Als Eltern können Sie die Buddha-Natur Ihres Kindes entdecken – wenn Sie offen und bereit dafür sind. Es geht dabei nicht darum, keine Fehler zu machen. Sondern daran zu arbeiten, eine innere Haltung zu entwickeln, die von Liebe, Achtsamkeit und Respekt geprägt ist. Wenn Sie immer aufs Neue versuchen, in Ihrem Kind das Gute zu sehen, herauszufinden, wer es in seinem inneren Wesen wirklich ist, geben Sie diesem inneren Wesen die NAHRUNG, die es braucht, um sich zu entfalten. Wenn Sie Ihr Kind achtsam wahrnehmen, ohne in ihm sich selbst zu suchen, erkennen Sie seine Einzigartigkeit, seine Anlagen, seine Interessen, seine vielfältigen Eigenschaften. Versuchen Sie, diese anzunehmen, so wie sie sind, ohne sie zu bewerten.

ÜBUNG

Ihr Kind annehmen, wie es ist

Wenn wir bewusst und achtsam mit unseren Wahrnehmungen und Gedanken umgehen, hilft uns das, Akzeptanz gegenüber unseren Kindern zu entwickeln.

→ Nehmen Sie sich etwas Zeit, in der Sie sich nicht stören lassen. Atmen Sie ein paarmal tief ein und aus, und stimmen Sie sich gedanklich auf Ihr Kind ein.

→ Schreiben Sie alle Eigenschaften auf, die Ihnen zu ihm einfallen. Egal was Ihnen durch den Kopf geht, notieren Sie es. Falls Sie die Übungen auf Seite 46 und 47 gemacht haben, nehmen Sie sich Ihre Aufzeichnungen noch einmal vor – vielleicht gibt es ja noch etwas zu ergänzen.

→ Wenn Sie fertig sind, lesen Sie sich die Liste noch einmal durch. Viele Eigenschaften werden Sie liebenswert finden, Sie empfinden sie als positiv und angenehm. Fühlen Sie die Freude und den Stolz, die Sie dabei erfüllen.

→ Suchen Sie nun gezielt nach den Eigenschaften, die Ihnen weniger gefallen, mit denen Sie Schwierigkeiten haben. Versuchen Sie herauszufinden, warum Sie sich schwertun, diese zu akzeptieren:

- Erkennen Sie eigene ungeliebte Eigenschaften in Ihrem Kind wieder? Oder solche, die Sie schon an einem Elternteil abgelehnt haben? Gelten diese vielleicht generell in Ihrer Familie als inakzeptabel? Oder ist Ihnen sein Verhalten einfach nur fremd?

→ Was würde sich ändern, wenn Ihr Kind so sein dürfte, wie es ist?

→ Wie würde es sich vermutlich fühlen, wenn Sie es voll und ganz akzeptieren würden? Wie würde es Ihnen dabei gehen?

→ Was hemmt Sie, diese Eigenschaften anzunehmen? Was hindert Sie daran, zu akzeptieren, wie die Dinge gerade sind, und mit ihnen Frieden zu schließen?

→ Wie würde es sich wohl anfühlen, wenn Sie Ihre alten Vorstellungen und Einstellungen aufgeben würden?

Die innere Haltung

Unser Kind so anzunehmen, wie es ist – das ist grundsätzlich einfacher gesagt als getan. Oft hätten wir gern, dass es sich anders verhält, anders aussieht oder einfach anders ist als im Moment. Warum kann es jetzt nicht so freundlich sein wie gestern zu Tante Marion? Warum lernt es diese Woche nicht so bereitwillig wie letzte?

Auch wenn Ihnen Wesenszüge und Verhaltensweisen an Ihrem Kind im Moment unangenehm sind – achten Sie darauf, diesen gegenüber eine möglichst annehmende innere Haltung einzunehmen. Der Buddhismus lehrt, dass wir unser Leid verstärken, wenn wir dauernd abzuwehren versuchen, was uns unangenehm ist. Wir tun weder uns noch dem Kind etwas Gutes, wenn wir mit seinem Wesen hadern und es ändern wollen. Stattdessen können wir daran arbeiten, unsere Haltung zu verändern und immer mehr zu akzeptieren, was wir erleben. Versuchen Sie, auch im Alltag immer wieder innezuhalten und sich besonders in ZEITEN VON STRESS zu fragen »Was kann ich gerade nicht leiden, wogegen wehre ich mich?«, um Ihre Achtsamkeit zu schärfen, aus der heraus sich Akzeptanz entwickeln kann.

Üben Sie sich darin, alles zuzulassen, was Sie wahrnehmen, all Ihre Gedanken, Beurteilungen und körperlichen Reaktionen. Nehmen Sie alles bewusst zur Kenntnis, und lassen Sie es kommen und gehen, wie Sie es auch in der Achtsamkeitsmeditation (siehe Seite 27) trainieren – ohne Bewertung und ohne sich in angstvollen Gedanken und Szenarien zu verlieren. Sie werden sehen, wie es Ihnen immer besser gelingt, das, was ist, zu akzeptieren und Ihr Kind so anzunehmen, wie es ist. Denn wenn Sie es »mit den Augen der Liebe« sehen, wie es Maria Montessori nannte, stellen Sie fest, dass in ihm – wie in jedem Menschen – ein ungeheures Potenzial schlummert. Die Frage ist nur, was mit diesem Schatz geschieht. Welche Bedingungen müssen erfüllt sein, damit sich Kreativität, Entscheidungsfähigkeit, Selbstständigkeit sowie soziale und emotionale Intelligenz entfalten können?

Ein Umgang, der Kinder nicht von außen bestimmt, sondern ihnen erlaubt, sich nach ihrem eigenen inneren Gesetz und in ihrer eigenen Zeit zu entwickeln, schafft ganz bestimmt die besten Voraussetzungen dafür, dass sich ihr inneres Potenzial so harmonisch und natürlich wie möglich entfalten kann.

Weisheitsgeschichte

Im alten China gab es einen jungen, ehrgeizigen Bauern, der ein großes Feld erworben hatte und nun darauf brannte, seine erste Ernte einzufahren. Er kaufte besonders ertragreiches Saatgut, und so konnte er mit der Arbeit beginnen. Nachdem er den Boden bearbeitet, die Saat ausgebracht und alles Weitere für ein gutes Wachstum der Pflanzen getan hatte, legte er sich zufrieden zur Ruhe. Jeden Morgen schaute der junge Bauer nun auf seinem Feld nach, ob seine Saat schon aufgegangen war. Groß war seine Freude, als die ersten Halme aus der Erde kamen. Schon bald war das ganze Feld übersät von jungen Trieben. Doch deren Wachstum dauerte ihm viel zu lange. Er wollte doch so schnell wie möglich die Früchte seiner Arbeit in Händen halten!

Eines Abends hatte er eine Idee: Wie wäre es, wenn er an allen Halmen ein wenig ziehen würde, um sie so zu schnellerem Wachstum anzuregen? Er war so begeistert von diesem Einfall, dass er sofort auf sein Feld hinausging und bis tief in die Nacht hinein an jedem einzelnen Hälmchen zog und zupfte.

Am nächsten Morgen lief er voller Erwartung auf sein Feld. Aber was musste er sehen: Alle jungen Triebe lagen verwelkt auf dem Boden, seine ganze Arbeit war umsonst gewesen! Diese Lektion sollte er sein ganzes Leben lang nicht vergessen: »Wachstum und Entwicklung brauchen ihre Zeit« erkannte er, »und ich erreiche nichts Gutes, wenn ich versuche, diese Zeit zu verkürzen.«

Eine geeignete Umgebung schaffen

Jedes Kind enthält in sich sein eigenes, spezifisches Entwicklungsprogramm. Allerdings kann sich sein Potenzial nur dann entfalten, wenn es eine seinen ENTWICKLUNGSBEDÜRFNISSEN entsprechende Umgebung vorfindet. Entscheidungsfähigkeit, Kreativität, Intelligenz sowie soziales und ethisches Verhalten entwickeln sich ganz natürlich, wenn seine Bezugspersonen dies ermöglichen. Es ist unsere Aufgabe als Erwachsene, Kindern in ihrer Entwicklungszeit immer wieder ein Umfeld zu schaffen, das es ihnen erlaubt, ihren echten Bedürfnissen gemäß zu leben.

Da jedes Lebewesen an erster Stelle auf Überleben ausgerichtet ist, wird es sich zwar seiner Umgebung so weit anpassen, dass es möglichst nicht zugrunde geht. Sein volles Potenzial kann aber nur dann zur Entfaltung kommen, wenn die Umgebung das enthält, was es zu seiner Entwicklung benötigt. Das ist zu jeder Zeit seines Lebens etwas anderes. Deshalb ist die »VORBEREITETE UMGEBUNG«, wie Maria Montessori es nannte, nichts Starres, sondern etwas höchst Flexibles und Unterschiedliches. Sie beinhaltet Gegenstände und Spielzeug, mit denen das Kind seinen Geist üben kann, und vor allem Menschen, die es liebend unterstützen und an denen es »sich reiben« kann.

Innere Sicherheit und Wachstum

Findet ein Kind eine geeignete Umgebung vor, gelingt es ihm, den Widerspruch zwischen den beiden Grundbedürfnissen aufzulösen: Es möchte sich auf der einen Seite verbunden fühlen, anfangs vor allem mit seinen Eltern. Auf der anderen Seite möchte es über sich selbst hinauswachsen, sich weiterentwickeln und sein eigenes Leben führen. Denken Sie an ein zweijähriges Kind. Es bewegt sich von seiner Mutter weg, gleichzeitig vergewissert es sich ständig, dass sie noch da ist. Mit zunehmendem Alter und wachsender Sicherheit traut es sich immer weiter fort und genießt seine Freiheit immer länger. Sehr schön kann man diesen Prozess immer wieder bei entsprechenden Angeboten für Kinder beobachten (zum Beispiel beim EntdeckungsRaum, siehe Seite 156). Meist richten sich solche Kurse an Eltern mit Kindern ab etwa drei Monaten bis zu zwei Jahren. Dabei trifft sich normalerweise einmal in der Woche eine Gruppe von etwa acht Kindern mit ihren Müttern oder Vätern für rund eine Stunde in einem Raum, der die Kleinen zu ENTDECKUNGSREISEN einlädt. Die Kinder beginnen – ganz in ihrer Zeit –, den Raum zu erkunden, ohne von ihren Eltern dazu gedrängt oder motiviert zu werden. Je nach Alter finden sie dort Dinge zum Spielen, Klettern oder Balancieren. Falls ein Kind in Bedrängnis kommen oder ein Konflikt entstehen sollte, ist üblicherweise die Kursleiterin verantwortlich. Die Eltern können entspannt an ihrem Platz am Rand des Raumes bleiben und ihrerseits ihr Kind aus einer neuen Perspektive entdecken. Solche Angebote können eine wichtige Unterstützung für Eltern sein. Gerade im zweiten Lebensjahr, wenn viele Konflikte entstehen, weil das erwachende »Ich« des Kindes oft als »Trotzphase« missverstanden wird, stellen sie für Eltern und Kinder einen wahren Segen dar.

Wir können natürlich auch zu Hause für eine anregende, sichere und zuverlässige Umgebung sorgen. Und wenn wir spüren, dass sich die Bedürfnisse unseres Kindes verändern, passen wir die Umgebung an – mit Einfühlungsvermögen und FANTASIE. Beginnt das Kind zum Beispiel zu krabbeln, sichern wir alles ab, was eine Gefahr für es darstellt oder was kaputtgehen könnte. Es sollte Gegenstände erreichen können, die es interessieren, die aber auch robust und ungefährlich sind wie zum Beispiel Töpfe, Plastikschüsseln oder Bilderbücher. Manchmal sind die Bedürfnisse eines Kindes allerdings nicht so leicht zu befriedigen (siehe Seite 62). Mit ein wenig Geduld wird uns das bei einem achtsamen Umgang aber dennoch gelingen.

Erfahrungsbericht

Manuela, 40, mit Philip, 2 Jahre

Mein Sohn hatte eines Tages zu meinem Entsetzen entdeckt, wie schön man in der Toilette mit Wasser spielen kann. Das wollte ich natürlich nicht zulassen und verbot es ihm. Er ließ sich aber nicht davon abhalten, sodass ich die Badezimmertür abschloss. Dies wiederum führte dazu, dass Philip wütend dagegenhämmerte – und das mit einer bewundernswerten Ausdauer. Ich drohte schließlich mit Strafen, wenn er nicht damit aufhören würde – was allerdings auch nicht weiterhalf, und so wurde die Stimmung bei uns zu Hause immer angespannter.

In einem Elternseminar gelang es mir, die Situation im Licht der Achtsamkeit zu betrachten. Meine Interpretation der Situation sah in etwa so aus: »Dass der Junge im Klo spielt, geht zu weit!« Und als er gegen die Tür trommelte: »Er muss lernen, dass es auch Grenzen gibt. Dieser Trotzkopf will einfach nicht hören!« So entstand in mir das Bild, dass Philip immer seinen Willen durchsetzen und einfach nicht tun will, was ich sage. Deshalb reagierte ich zunehmend strenger und ungeduldiger, was den Jungen zu noch mehr Widerstand veranlasste.

Als ich meine Gedanken und Interpretationen im Seminar hinterfragte, wurde mir bewusst, dass der einzige Ort, wo Philip auf kindgerechter Höhe mit Wasser spielen konnte, die Toilette war (beim Baden in der Wanne zu spielen reichte ihm offenbar nicht). Als ich mich in mein Kind einfühlte, wurde mir deutlich, dass er nicht ungehorsam oder widerspenstig war, sondern dass er bloß mit großer Ausdauer seinem Bedürfnis Ausdruck verlieh – und mit Wasser zu spielen ist nun mal ein Bedürfnis von Kindern in diesem Alter. Als ich dies erkannte, fiel mir ein, dass wir noch eine Gästedusche haben, die nie benutzt wird, und dass ich ihm dort das Spielen mit Wasser ermöglichen könnte. Zwei Wochen später hatte sich die Beziehung zu meinem Sohn deutlich entspannt: Er spielte stundenlang vor sich hin und war selig!

Ihr Kind kann mehr,
als Sie denken

Wenn Sie eine vorbereitete Umgebung geschaffen und den Weg freigeräumt haben für die Entdeckerlust Ihres Kindes, dann müssen Sie gar nicht mehr so viel tun, eher die Dinge zulassen und beobachten – und sich als Ansprechpartner, als Hilfe im Notfall zur Verfügung halten. Das gilt im Prinzip für jedes Alter. Versuchen Sie, kein Programm durchzuplanen, ihm nichts abzunehmen, was es selbst (lernen) kann, es nicht speziell zu fördern, damit es etwas besonders schnell kann. Auch wenn wir von allen Seiten hören, wie sich ein Kind entwickeln sollte, ab wann ein Kind laufen oder sprechen müsste, können wir uns zunehmend frei machen von diesem Druck, indem wir unser Kind aufmerksam wahrnehmen, seine eigene Entwicklung beobachten und VERTRAUEN in seine inneren Kräfte aufbauen.

Dem inneren Bauplan vertrauen

Vertrauen Sie der Kompetenz Ihres Kindes. Kinder sind Forscher, es drängt sie dazu, das zu lernen, wofür sie bereit sind. Man kann einem Kind nichts abverlangen, wenn es dazu schlicht noch nicht in der Lage ist und die nötigen Entwicklungsschritte noch nicht unternommen hat. Versuchen Sie, seine eigenen Initiativen zu unterstützen, und geben Sie nur so viel Hilfe wie nötig: »Hilf mir, es selbst zu tun«, nannte Maria Montessori diesen Leitsatz. Tun Sie eher weniger, und warten Sie ab! Auf diese Weise kann Ihr Kind die ERFAHRUNG machen, dass es seine selbst gestellten Aufgaben und Probleme auch alleine lösen kann. Sonst würde es lernen, dass es sich am besten an einen Erwachsenen wendet, der sowieso immer alles besser weiß. Insofern ist es sehr sinnvoll, dass wir unseren Impuls zu helfen hinterfragen, dass

> » **Zu oft geben wir unseren Kindern Antworten,** die sie behalten sollen, anstatt **Aufgaben,** die sie lösen sollen. «

[Roger Lewin | *amerikanischer Anthropologe*]

wir innehalten und erst einmal abwarten, was das Kind von sich aus tut. Wir begleiten es, mischen uns aber nur ein, wenn es überfordert ist oder sich selbst oder andere ernsthaft gefährdet.

Wenn wir all jene Kräfte in Kindern unterstützen, die sie von innen her zu kreativem und interessiertem Tun antreiben, können wir sie am besten auf eine heute völlig unbekannte ZUKUNFT vorbereiten. Dazu gehören viel freies Spiel, aber auch viele andere Angebote in einer vorbereiteten Umgebung, die ihre Neugier, ihren Forschergeist und ihre Fantasie ansprechen.

Kindern helfen, es selbst zu tun

Manchmal neigen wir auch dazu, unserem Kind etwas abzunehmen, um Frustrationen aufzufangen und uns sein Zorngebrüll zu ersparen. Oder weil wir glauben, es würde uns mehr lieben, wenn wir ihm verlässlich unter die Arme greifen. In Wirklichkeit senken wir nur die Frustrationstoleranz unseres Kindes. Außerdem empfindet es nicht mehr für uns, nur weil wir ihm andauernd helfen. Wir verhindern höchstens, dass es SELBSTSTÄNDIG und selbstbewusst wird.

Nur wenn Kinder die Möglichkeit haben, vieles auszuprobieren und daraus zu lernen, kann sich wirkliches Verständnis entfalten und damit die Fähigkeit, Situationen in ihrer Gesamtheit wahrzunehmen und so zu einer angemessenen Lösung zu kommen. Nur wenn ihnen die Chance gegeben wird, ohne Druck oder Führung von außen in einer ihren jeweiligen Bedürfnissen entsprechenden, vorbereiteten Umgebung ihre eigenen Erfahrungen zu sammeln, lernen sie die Welt nicht »auswendig«, sondern »inwendig« kennen.

Sie spüren Freude darüber, was sie schon alles können, werden immer selbstständiger und entwickeln mit zunehmendem Alter mehr (Eigen-)Verantwortung, mit der sie ihr Leben nach und nach selbst in die Hand nehmen können. Das SELBSTVERTRAUEN Ihres Kindes wird wachsen – nicht zuletzt weil Sie ihm vertrauen und ihm etwas zutrauen, weil Sie Ihr Kind respektieren. Wenn Ihr Kind aus eigener Anstrengung nicht zu einer Lösung von Aufgaben oder Problemen findet, können Sie es natürlich dabei unterstützen – am besten, indem Sie es behutsam zu möglichen Lösungen führen und, je nach Alter, zum Beispiel folgende Fragen stellen:

→ Was könntest du tun, um das Problem zu lösen?
→ Welche anderen Möglichkeiten hast du, wenn das nicht gelingt?
→ Was hast du schon probiert?

Gelassen zulassen

Wenn Sie mit Buddhas Augen Ihr Kind neu sehen, können Sie ihm gegenüber gelassener werden. Das heißt seine kindlichen Eigenheiten, die angelegten Fähigkeiten und Schwächen zulassen und eine vertrauensvolle Haltung gegenüber Ihrem Kind einnehmen. Um dieses Gefühl der Gelassenheit zu entwickeln, benötigen Sie Achtsamkeit und Toleranz, und Sie sollten vor allem LOSLASSEN lernen. Festgefahrene Meinungen und Verhaltensweisen können Sie aufgeben, wenn Sie erkennen, dass sie falsch sind und Sie nicht weiterbringen. Natürlich wird das nicht von einem Tag auf den anderen gelingen. Auch hier ist der Weg das Ziel. Schon jeder Versuch, Gelassenheit zu entwickeln, lässt Sie ruhiger werden. Wie Sie diese innere Haltung auch in Konfliktsituationen kultivieren können, erfahren ab Seite 70.

ÜBUNG

Energie auftanken:
Die Quelle der Freude entdecken

Bei dieser Übung der Achtsamkeitspraxis nehmen Sie immer wieder Kontakt mit der Freude in sich auf, das heißt, Sie spüren sie direkt in Ihrem Körper. Dabei geht es nicht so sehr um Konzentration, sondern eher darum, empfangsbereit wie eine Antenne zu sein. Sie lassen die Aufmerksamkeit sozusagen sanft auf den Wellen des Atems ruhen und kehren immer dann zu dieser Empfindung der Freude zurück, wenn Sie bemerken, dass Sie in Gedanken abgeschweift sind.

→ Finden Sie eine Art des aufrechten Sitzens, die Ihnen entspricht und Ihnen möglichst viel inneren Raum lässt zum Atmen. Wenn Sie möchten, können Sie die Augen schließen. Ansonsten richten Sie den Blick einfach vor sich auf den Boden, ohne etwas Bestimmtes zu fixieren.

→ Wenn Sie so weit sind, erinnern Sie sich noch einmal daran, dass es in dieser Art von Übung nichts zu erreichen gibt, nichts, was man richtig oder falsch machen kann. Es ist einfach eine Zeit, in der Sie sich spüren dürfen.

→ Wenn Sie bereit sind, nehmen Sie mit Ihrem Atem Kontakt auf, ganz sanft, so wie Sie vielleicht ein scheues Reh beobachten würden. Begleiten Sie den Atem einfach mit Ihrer Aufmerksamkeit über die ganze Länge des Einatmens und die gesamte Länge des Ausatmens. Dann kommt eine kurze natürliche Pause, und es geht wieder mit dem Einatmen weiter. Ihr Atem fließt ein und aus, in seinem eigenen Rhythmus. Unser Organismus besitzt eine tiefe Weisheit, die unsere Atmung seit unserer Geburt reguliert, ohne dass wir etwas dazu tun müssten.

→ Wenn Sie merken, dass Sie abgeschweift sind – was zwangsläufig geschieht –, registrieren Sie einfach kurz, wo Sie gelandet sind, und kommen Sie dann sanft zurück zum Kontakt mit Ihrem Atem, immer wieder. Je häufiger Sie zum Atem zurückkehren, umso mehr wird Ihr Geist von innerer Ruhe erfüllt.

→ Wenn Sie schließlich das Gefühl haben, dass Sie so weit sind, können Sie vor Ihrem geistigen Auge eine Situation auftauchen lassen, in der Sie entweder gemeinsam mit Ihrem Kind etwas Freudiges erlebt haben oder sich über etwas gefreut haben, das Sie bei Ihrem Kind beobachten konnten.

→ Versuchen Sie auch dabei, sich nicht anzustrengen oder etwas herbeizuzwingen, sondern lassen Sie sich einfach ein wenig Zeit, damit eine solche Situation auftauchen und vor Ihrem inneren Auge lebendig werden kann. Wenn Sie bereit sind, können Sie sich fragen: »Wo fühle ich die Freude in meinem Körper?« Gibt es eine Quelle, wo sie heraussprudeln darf?

→ Vielleicht ist es möglich, dass sich die Freude in Ihrem Körper ausdehnen kann? Wenn diese Vorstellung nicht auf Anhieb gelingt, ärgern Sie sich nicht, sondern experimentieren Sie einfach ein bisschen – mit wohlwollendem Interesse für sich selbst und Ihre Reaktionen.

→ Wenn Sie in Kontakt sind mit Ihrem Kind und Ihrer Freude, können Sie vielleicht ein Lächeln in Ihrem Gesicht entstehen lassen, das dieser Freude und auch dem Wohlwollen, das Sie für Ihr Kind empfinden, Ausdruck verleiht.

→ Und in Ihrer eigenen Zeit können Sie dann diesen Teil der Übung abschließen und sich für den Moment von Ihrem Kind verabschieden, um wieder zu sich selbst zurückzukommen.

→ Vielleicht ist es möglich, dass Sie dieses wohlwollende Gefühl auch jetzt noch in sich lebendig halten, dann kann auch ein inneres Lächeln noch bleiben, ohne dass Sie sich dafür anstrengen müssen.

→ Dann lassen Sie sich wieder die Zeit, die Sie brauchen, um die Übung ganz abzuschließen, die Augen zu öffnen, sich vielleicht zu dehnen und zu rekeln – je nachdem, was Ihr Körper jetzt für Bedürfnisse signalisiert – und dann wieder achtsam in Ihren Alltag zurückzukehren.

Trotz Turbulenzen ruhig und gelassen bleiben

3

→ Im Alltag mit der Familie werden wir ständig mit neuen Herausforderungen konfrontiert. Doch mit der richtigen Einstellung unseren Kindern gegenüber können wir uns den täglichen Aufgaben stellen und lernen, auch in schwierigen Phasen, wenn die Wellen um uns herum hochschlagen, möglichst ruhig und ausgeglichen zu bleiben.

Im Alltag mit Kindern
das Gleichgewicht bewahren

Der Alltag hält immer wieder Überraschungen und Herausforderungen für uns bereit. Das gilt für das Leben mit Kindern ganz besonders. Da ist kaum ein Tag wie der andere, von Eintönigkeit kann keine Rede sein. Im einen Moment ist noch alles ganz ruhig, im nächsten sind unser Reaktions- und Einfühlungsvermögen gefragt, weil die Hose unserer Tochter nass geworden ist oder unser Sohn dem Nachbarsjungen die Spielzeugschaufel um die Ohren haut. Innige, liebevolle Augenblicke können blitzschnell von heftigen Konflikten abgelöst werden. Da ist es nicht immer leicht, ruhig und gelassen zu bleiben! Manchmal wissen wir im ALLTAGSTRUBEL gar nicht mehr, wo wir gerade stehen oder wohin wir eigentlich möchten. Deshalb ist es wichtig, Wege zu finden, wie wir unsere Kinder durch den Alltag begleiten können, ohne allzu oft die Orientierung zu verlieren.

Das Alltagsbewusstsein richtig einsetzen

Einen sicheren, wenn auch wenig fantasievollen Weg durch Trubel und Hektik weist uns das Alltagsbewusstsein. Das ist ein psychischer Zustand, den man sich wie den AUTOPILOT eines Flugzeugs vorstellen kann. Dieser steuert uns durch den Alltag, indem er Routineaufgaben durch automatisierte Gewohnheiten erledigt – ökonomisch, effektiv und zeitsparend. Ein großer Teil unseres Lebens vergeht gewöhnlich mit automatischen Reaktionen und Abläufen, die auch sehr nützlich sind, weil sie uns im täglichen Leben viel Mühe ersparen – und uns manchmal sogar vor dem Kollaps bewahren. Zum Beispiel hilft uns der Autopilot beim Autofahren, nicht über jeden Handgriff neu nachzudenken. Oder er sorgt dafür, dass wir das gewaltige Pensum an Informationen verarbeiten können, das permanent auf uns einströmt: Morgens im Bad hören wir schon Nachrichten, beim Frühstück wird die Zeitung überflogen, im Auto auf dem Weg zum Kindergarten sind wir gedanklich schon in der anberaumten Teambesprechung, im Büro geht die Informationsflut weiter. Zu Hause wartet die Familie, erzählt die Kleine aus dem Kindergarten und der Große (wenn wir Glück haben), was er in der Schule erlebt hat. Abends landen wir mit unserem Partner – zum Entspannen – vor dem Fernseher, der unzählige neue Informationen bereithält. Kurz vor dem Schlafengehen werden noch die letzten E-Mails gecheckt – und dann: Gute Nacht!

Der Autopilot: oft eine sinnvolle Strategie

Unser Autopilot schaltet sich auch ein, wenn etwas nicht gut funktioniert oder ein Problem auftaucht. Wir richten dann unsere geistigen Kräfte auf die aufgetretenen Schwierigkeiten, um mithilfe unseres kritischen Denkvermögens daran zu arbeiten. Denn alles, was uns unangenehm ist, erfüllt uns sofort und spontan mit Ablehnung und Widerwillen. Deshalb soll mithilfe des Autopiloten der STÖRFAKTOR so schnell wie möglich beseitigt werden, damit alles wieder unseren Vorstellungen entspricht. Dieses automatische Vorgehen nennen Fachleute den »Tun-Modus«, weil wir mit ihm auf das reagieren, was wir als einen Aufruf zum Handeln verstanden haben – also Unangenehmes in Angenehmes zu verwandeln. Diese Strategie bietet uns einen sehr allgemeinen Weg, um unsere Ziele zu erreichen und unsere Probleme zu lösen. Wenn wir etwas wollen, strengen wir uns an, um es zu verwirklichen. Wenn wir etwas nicht wollen, tun wir alles, um es zu vermeiden. Der Schlüssel, um aus diesem automatisierten Tun-Modus herauszukommen, liegt in der Achtsamkeit.

Vom Tun zum Sein

Stellen Sie sich vor, Ihr Kind hat sich mit seinem Taschenmesser in den Finger geschnitten. In diesem Fall ist es sicherlich sinnvoll, dass der Autopilot anspringt. Sie werden also nicht lange überlegen, sondern automatisch handeln, seine Wunde versorgen, bei Bedarf auch schnell zum Arzt fahren. Ihr Autopilot geleitet Sie so von einem Schritt zum nächsten. Doch im normalen Alltag mit unseren Kindern ist meist ein weniger schnelles und automatisches Handeln gefragt, vielmehr ein Innehalten. Angenommen, Sie haben sich aufgerafft, die Wohnung auf Vordermann zu bringen, und sind mitten im Putzen. Und dann steht plötzlich Ihr Sohn vor Ihnen und will Ihnen »ganz dringend« zeigen, was für tolle Lego-Türme er gebaut hat. Sie könnten denken: »Das darf doch nicht wahr sein, sieht er denn nicht, dass ich beschäftigt bin? Immer meint er, es müsste alles sofort sein. So werde ich ja nie fertig – vor allem weil mir ja eh niemand bei der Hausarbeit hilft.« Entsprechend ungeduldig und kurz angebunden werden Sie ihm antworten, um die »STÖRUNG« so schnell wie möglich zu beenden. Sie stimmen sich nicht auf Ihr Kind ein, sondern reagieren spontan mit Ablehnung, denn der Autopilot will seine Routine durchziehen und verhindert eine echte Antwort.

Doch Sie haben die Möglichkeit, nicht nur automatisch zu reagieren. Sie können lernen, mithilfe der Achtsamkeit Ihre spontan auftauchenden Gedanken- und Gefühlsabläufe wahrzunehmen und daraufhin zu unterbrechen. Sie erkennen im oben genannten Beispiel vielleicht, dass Sie gerade frustriert sind, weil Sie gar keine Lust auf Hausarbeit haben und weil Sie sich von Ihrem Partner nicht genug unterstützt fühlen. Diesen Frust, der gar nichts mit Ihrem Kind zu tun hat, lassen Sie nun an ihm aus. Insofern ist Achtsamkeit ein Prozess, der Ihre DENK- und GEFÜHLSROUTINEN AUFLÖST und Sie die Welt, die Menschen und sich selbst genauer wahrnehmen lässt.

> **Achtsamkeit** bedeutet,
> sich dem Augenblick zu **öffnen**
> oder den **Augenblick** zu empfinden,
> ob angenehm oder unangenehm,
> einfach so, **wie er ist**, weder an ihm
> zu hängen noch ihn **zurückzuweisen**.
>
> [Sylvia Boorstein | *amerikanische Meditationslehrerin*]

Im Zustand der Achtsamkeit

Neben dem Tun-Modus und dem Autopiloten hat uns die Evolution mit dem Sein-Modus ausgestattet. Dieser Zustand der Achtsamkeit ist die Alternative zum kritischen Denken, zum ständigen Bewerten von allem, was wir erleben, und zum automatischen Reagieren. Im Sein-Modus gelingt es uns, unseren Stress und die damit verbundenen Emotionen, Gedanken und körperlichen Signale zu registrieren. Wir alle besitzen die Fähigkeit, nicht nur mit dem Kopf, sondern auch mit den SINNEN und dem HERZEN wahrzunehmen. Diese Art der Wahrnehmung ist in unserer Kultur lediglich vernachlässigt und unterentwickelt, kann aber durch Achtsamkeit geschult werden.

Achtsamkeit kann uns helfen, eingeschliffene Verhaltensreaktionen auf äußere Reize oder innere Gefühle zu regulieren. Dadurch dass wir das Gewahrsein des Sein-Modus kultivieren, können wir aus unserem Kopf herauskommen und lernen, die Welt unmittelbar zu erfahren und zu erleben, ohne dass unsere Gedanken mit unablässigen Kommentaren dazwischenfunken. Wir können mit uns und unserer Erfahrung in Kontakt kommen, und statt das Erlebte wie üblich automatisch zu bewerten, in Schubladen einzuordnen oder zu dramatisieren, können wir die Fähigkeit entwickeln, zu erkennen, was tatsächlich vor sich geht. In einem Elternseminar erzählte ein Elternpaar, dass es beim Abendessen mit seinem vierjährigen Sohn regelmäßig zu Streit käme. Auf die Frage, was denn der Auslöser sei, berichteten beide, dass ihr Sohn die Wurst ohne Brot essen möchte, sie dies aber nicht zulassen würden. Auf die Nachfrage, warum sie das nicht wollten, schauten sich beide fragend an – hatten aber keine Antwort. Sie hatten dieses Verbot einfach NIE HINTERFRAGT. Vermutlich war es noch ein Überbleibsel aus ihrer eigenen Kindheit. Aber was immer es war, als sie sich die Situation genauer anschauten, stellten sie fest, dass sie eigentlich gar kein Problem damit hatten, wenn er die Wurst auch ohne Brot aß. Warum eigentlich nicht?

Einsichten entstehen

Sich diese Frage zu stellen, anstatt gleich »Nein« zu sagen, ist im Leben mit Kindern sehr hilfreich. Das heißt nicht, dass wir immerzu »Ja« sagen sollten. Doch es ist geschickter, unsere Auseinandersetzungen weise zu wählen und sie uns für die Gelegenheiten aufzusparen, wenn wir mit unserem Nein etwas wirklich Wichtiges vermitteln möchten. Wenn ein Kind die Erfahrung macht, dass seine Wünsche gesehen und anerkannt werden, wird es auch sehr viel eher zur KOOPERATION bereit sein, wenn es mal ein Nein erfährt.

Manchmal können im Zustand der Achtsamkeit Einsichten von selbst auftauchen, manchmal geht es einfach nur darum, einen Moment innezuhalten, die Gedanken aus dem Kopf ziehen zu lassen und die augenblickliche Situation von Neuem zu betrachten. Achtsamkeit bedeutet Gewahrsein, Klarheit, Großzügigkeit und Mitgefühl – Eigenschaften, die für uns alle wichtig sind und die eine ganz besondere Qualität in unser Leben und in unsere Beziehung zu unseren Kindern bringen. Und die bewirken, dass uns die wirklich wichtigen Dinge im Familienalltag auch bei Stress und Konflikten bewusst bleiben.

Gelassen bleiben
bei Stress und Ärger

Das Zusammenleben mit unserer Familie hält stets neue Aufgaben für uns bereit, denen wir uns stellen müssen. Nicht immer gelingt es uns, mit Ruhe und Bedacht ans Werk zu gehen, vor allem wenn die Herausforderungen groß sind oder Vieles auf einmal auf uns einströmt. Dann geraten wir in eine Stresssituation, die unsere Reaktionsgeschwindigkeit erhöht und unser klares Denken einschränkt (siehe Seite 80). Dies ist in gewisser Weise eine NATÜRLICHE REAKTION, die in früheren Zeiten für unser Überleben unerlässlich war. Wenn wir in Gefahr gerieten, musste unser Organismus möglichst schnell auf Angriff oder Flucht schalten. Dazu schüttet der Körper bei Gefahr Stresshormone wie Adrenalin aus, die dafür sorgen, dass wir möglichst schnell und automatisch reagieren. Die Pupillen weiten sich, unser Blick verengt sich, unser Denken ist stark eingeschränkt, Puls sowie Atmung beschleunigen sich und unser gesamter Körper wird so blitzartig in Kampf- beziehungsweise Fluchtbereitschaft gebracht: Der Autopilot übernimmt das Steuer.

Stress lass nach!

Zwar kommen wir heute nur noch selten in Situationen, in denen wir blitzschnell auf Angriff oder Flucht schalten müssen. Doch wenn unser Körper »Stress« registriert, lässt er nach wie vor sein Programm ablaufen, weil er nicht zwischen innerem und äußerem Stress unterscheiden kann. Für diese Differenzierung brauchen wir unseren Geist, denn mithilfe unseres Bewusstseins können wir eine Stressreaktion BEEINFLUSSEN. Stress an sich ist nichts Negatives. Fachleute unterscheiden zwischen positivem und negativem Stress. Ersterer wird

Eustress genannt, er verleiht uns Energie und trägt zur Lösung und Bewältigung schwieriger Aufgaben bei. Den negativen Stress, Disstress genannt, empfinden wir dagegen als unangenehm, bedrohlich oder überfordernd. Je nach Intensität und Dauer kann diese Art von Stress sogar physische und psychische Krankheitssymptome hervorrufen. **ZU VIEL STRESS** zieht uns Energie ab, macht uns unzufrieden, unausgeglichen und leichter reizbar. Er verhindert auch, dass wir uns konzentrieren, Ruhe bewahren und uns und unsere Umgebung aufmerksam wahrnehmen können. Manchmal genügt jedoch schon eine kleine Atemübung wie die folgende, um wieder Kraft für die nächsten Aufgaben zu tanken.

ÜBUNG

Den Atem beobachten

Indem Sie ein paar Minuten einfach Ihren Atem beobachten, kommen Ihre Gedanken und Emotionen zur Ruhe.

→ Halten Sie kurz inne bei dem, was Sie gerade tun, und lenken Sie Ihre Aufmerksamkeit auf Ihren Atem.

→ Denken Sie beim Einatmen »Ich« und beim Ausatmen »atme«: »Ich atme.«

→ Vielleicht schließen Sie dabei die Augen und legen Ihre Hände auf den Bauch oder die Brust, um das Drumherum auszublenden und ganz bei sich zu sein.

→ Gönnen Sie sich ein paar Atemzüge lang diese Auszeit für sich, bis Sie sich ruhig und erfrischt fühlen.

Sie können die Übung auch nutzen, um bei aufsteigender Wut rechtzeitig innezuhalten, sodass Sie die Möglichkeit bekommen, erst einmal Ihre Gedanken und Gefühle zu erforschen, statt automatisch zu reagieren.

Sie können im Alltag immer wieder für ein paar Atemzüge zum Atem zurückkehren: bei einer roten Ampel, beim Warten an einer Kasse, bevor Sie einschlafen, kurz nach dem Aufwachen. Wenn Sie auf diese Weise üben, kann der Atem zu einem außergewöhnlich WERTVOLLEN FREUND werden. Besonders bewährt hat es sich, zweimal am Tag für 15 bis 20 Minuten beim Atem zu verweilen, wie Sie es bereits in den Übungen auf Seite 27 und 66 gelernt haben. Je selbstverständlicher die Atemübung wird, umso besser können Sie sie auch in schwierigen Situationen anwenden.

Erfahrungsbericht

Miriam, 27, mit Paul, 4 Jahre

Neulich ging es in der Arbeit sehr stressig zu. Wir mussten ein Projekt zu Ende bekommen, und die Zeit war mehr als knapp. So kam ich nicht pünktlich vom Büro weg und hetzte zum Kindergarten, um meinen Sohn abzuholen. Ich wollte ihn nicht länger als abgemacht warten lassen und beeilte mich sehr – jede rote Ampel ließ mich lautstark fluchen! Beim Kindergarten angekommen, rannte ich über die Straße und stürmte durch die Tür. Aber Paul war nicht zu sehen – er wartete nicht etwa ängstlich auf mich, sondern spielte draußen mit einem Freund. Aus meinem Stress heraus wollte ich schon zu ihm rennen und ihm Beine machen, als ich mich gerade noch darauf besann, was ich in einem Elternseminar gelernt hatte. Ich hielt inne und lenkte meine Aufmerksamkeit erst einmal auf meinen Atem. Schnell wurde mir deutlich, wie sehr ich im Hamsterrad herumraste und deshalb auch meinen Sohn äußerst ungeduldig und unsanft aus dem Kindergarten treiben wollte. Leider muss ich gestehen, dass dies nicht das erste Mal gewesen wäre.

Aber diesmal lief es anders. Da ich mir meines Zustandes bewusst wurde, ließ ich mir ein paar Atemzüge Zeit, um zumindest einigermaßen bei mir anzukommen. Dann stellte ich mich auf meinen Sohn ein und konnte wahrnehmen, wie sehr er in sein Spiel vertieft war. Langsam ging ich näher und wartete kurze Zeit. Da entdeckte er mich und erzählte mir begeistert von dem Tunnel, den er gerade durch eine Sandburg gegraben hatte. Nachdem ich sein Bauwerk bewundert und seine Freude geteilt hatte, kam er ohne Umschweife mit, und wir fuhren beide zufrieden nach Hause.

Es wird sicherlich immer wieder Situationen geben, in denen ich aus dem Autopiloten nicht herauskomme – aber Erfahrungen wie diese sind eine starke Motivation. Die Praxis der Achtsamkeit hat mein Leben mit meinem Kind wirklich unglaublich bereichert.

Stress vorbeugen

Am besten ist es natürlich, Stress vorzubeugen, etwa indem wir uns angewöhnen, öfter am Tag kurz bei uns selbst vorbeizuschauen und zu fragen: »Wie geht es mir gerade?« (Siehe Übung Seite 32.) Wir können uns immer wieder bewusst kurze Auszeiten gönnen, uns im gegenwärtigen Moment ankommen lassen, für uns selbst sorgen lernen. Es ist wichtig, dass wir uns im Alltag KLEINE INSELN schaffen, in denen wir bewusst aus dem Tun-Modus aussteigen und in das Sein kommen. Auf diese Weise können wir regenerieren und uns immer wieder auf das Wesentliche besinnen. Wir behalten so eher das große Ganze im Auge und können uns zum Beispiel an unsere Intentionen (Seite 131) erinnern, wenn wir Gefahr laufen, uns im täglichen Kleinkram zu verlieren. Es geht eben nicht darum, uns »aufzuopfern«, immer freundlich und jederzeit verfügbar zu sein. Denn dabei entsteht oft ein latenter Ärger auf den »Plagegeist«, der uns einfach keine Ruhe gönnen will, obwohl wir uns doch so einsetzen. Wenn wir also etwas für uns tun, kommt das immer auch unseren Kindern zugute.

In unserem Alltag lässt sich Stress zwar nicht gänzlich vermeiden, aber wir können dafür sorgen, dass er nicht überhandnimmt und unsere ganze Aufmerksamkeit frisst. Wenn wir achtsam sind, können wir den Ursachen eher auf die Spur kommen und zu den Wurzeln unseres Stresses vordringen. Wir erkennen vielleicht schon kleine Signale, bevor uns der Stress beherrscht. Je mehr Übung wir darin haben, umso eher gelingt es uns, Stress auch langfristig zu reduzieren. Bei unserer Stresserforschung können uns die Reflexionen unten anregen.

ÜBUNG

Was stresst Sie?

→ Schreiben Sie in Ihr Notizbuch eine Liste mit zwei Spalten. Tragen Sie in die eine all das ein, was es in Ihrem Leben zu viel gibt, etwa Arbeitspensum, Haushalt, Druck … In die andere Spalte tragen Sie ein, woran es Ihnen mangelt, also vielleicht Zeit für sich, Zeit für Ihr Kind, Geld …

→ In einem nächsten Schritt können Sie eine Prioritätenliste schreiben:

- Was kann ich gerade nicht leiden? (Zum Beispiel Haushaltspflichten.)
- Was will ich ganz und gar nicht haben? (Zum Beispiel noch mehr Arbeit.)
- Wogegen sträubt sich geradezu alles in mir? (Zum Beispiel Verpflichtungen am Wochenende zu haben – etwa Kinder zu Sportveranstaltungen zu fahren.)
- Was aus der Liste ist mir wirklich wichtig, was weniger?
- Wo könnte ich mir selbst Gutes tun? (Zum Beispiel einen Wellnesstag einlegen oder mal wieder in die Oper gehen.)
- Wie ist es möglich, aus der Stressspirale auszusteigen? (Zum Beispiel regelmäßige Atemübungen machen oder eine feste Mittagspause einhalten.)
- Habe ich zu hohe Erwartungen und unrealistische Ziele, die mich jetzt in Stress versetzen? Wo könnte ich meine Ansprüche zurückschrauben? (Zum Beispiel nicht mehr alles bügeln oder den zehnjährigen Sohn allein mit Roller oder Rad zum Sport fahren lassen.)

Es lohnt sich immer, uns mit unserem Stress und den daraus resultierenden Reaktionen auseinanderzusetzen, um die Beziehung zu unseren Kindern so wenig wie möglich zu belasten. Denn trotz aller Liebe kann es unter dem Druck der alltäglichen Pflichten immer wieder passieren, dass wir den KONTAKT zu ihnen VERLIEREN und ihre Bedürfnisse nicht mehr richtig wahrnehmen.

Stress führt leicht dazu, dass wir ungerecht werden. Wenn unsere Kinder nicht so funktionieren, wie wir es erwarten, werden sie uns schnell lästig, und wir reagieren oft ungeduldig und barsch. Der alltägliche Stress verwandelt sich in Ärger und Wut – was neue Probleme schafft.

Was geht in Stresssituationen in uns vor?

Wenn wir uns gestresst fühlen, kann der Geist »dichtmachen«, und wir werden unflexibel. Wir können dann vielleicht nicht mehr klar denken, oder die emotionale Verbindung zu unserem Kind bricht ab. Die beiden Autoren Daniel J. Siegel und Mary Hartzell (siehe Anhang, Seite 156) bezeichnen das als den »unteren Weg«, weil das Gehirn bei seiner Arbeit einen niederen Verarbeitungsmodus wählt, der den präfrontalen Kortex außen vor lässt. So können intensive Gefühle wie Angst, Traurigkeit oder Zorn die Oberhand gewinnen. Und wir sind in einer solchen Gemütsverfassung in einem sich ständig wiederholenden KREISLAUF GEFANGEN, der weder für uns noch für unser Kind zufriedenstellend ist.

Wenn wir uns aber über den Ursprung unserer Schwierigkeiten klar werden, können wir lernen, uns selbst besser zu verstehen, und eine Flexibilität entwickeln, die unsere Abstürze auf ein Minimum reduziert. Wir gehen dann den »oberen Weg«, indem wir den höheren Verarbeitungsmodus einschalten, der den präfrontalen Kortex für seine Prozesse verwendet. Dort sind wir in der Lage, unsere rationalen, reflektierenden Denkvorgänge einzusetzen und Mitgefühl, Achtsamkeit und flexibles Verhalten zu üben.

Mensch ärgere dich nicht!

Gelingt es uns nicht, eine Stresssituation in den Griff zu bekommen, steigen in uns meist Ärger und Wut hoch. Wenn wir uns dann von unserem Autopiloten führen lassen, schalten wir auf Angriff, und unser Ärger entlädt sich in einem Wutausbruch. Ist unser Autopilot auf Rückzug programmiert, schlucken wir unseren momentanen Ärger, bis unser Speicher voll ist und wir irgendwann explodieren.

Aber es gibt noch eine andere Strategie, wie wir mit negativen Stimmungen, Gefühlen und Denkmustern umgehen können: indem wir dem Ärger in uns zuhören und ihm erlauben – genauso wie allen anderen Gedanken, Gefühlen und körperlichen Empfindungen – das zu sein, was er ist: ein vorübergehendes Ereignis. Der Ärger wird so zu unserem VERBÜNDETEN, der uns mitteilt, dass wir schon länger über unsere Grenzen hinweggegangen sind.

Umarme deine Wut!

[Thich Nhat Hanh | *vietnamesischer Meditationsmeister*]

Die Zügel in der Hand behalten

Wir können unsere negativen Gefühle so gut es geht willkommen heißen – sie sind ja ohnehin schon da. Mit wohlwollendem Interesse, respektvoll, gütig und mitfühlend können wir sie empfangen. Um ihnen dann zu erlauben, durch uns hindurchzuziehen, ohne dass wir etwas mit ihnen tun müssten: Denn es ist weder notwendig, auf sie zu reagieren, noch, sie zu unterdrücken.

Wenn sich uns eine Wutwelle nähert, können wir versuchen, sie abzuwarten. Wir können uns von ihr tragen lassen, um anschließend wieder selbst den **KURS ZU BESTIMMEN**. Indem wir solch schwierigen Situationen achtsam begegnen, geraten wir weniger schnell und oft aus dem Gleichgewicht. Und wenn es doch passiert, kommen wir mithilfe einer achtsamen Wahrnehmung schneller zurück in die Balance, weil wir gelernt haben, aufmerksam in der Gegenwart zu bleiben, egal was passiert. Viele unserer Leidenssituationen entstehen, weil wir unsere Wahrnehmungen, wenn sie unangenehm sind, wegdrängen oder loswerden wollen, und wenn sie angenehm sind, unbedingt an ihnen festhalten möchten (siehe Seite 71). Je stärker wir durch die Praxis der Achtsamkeit verinnerlicht haben, dass alles ständig im **WANDEL** ist, umso einfühlsamer können wir auf die Herausforderungen des Lebens eingehen, statt laut zu werden oder innerlich die Flucht zu ergreifen. Wir kämpfen nicht gegen das Leben an, versuchen nicht, es zu kontrollieren, sondern stimmen uns ein, wie in einem harmonischen Tanz.

Erst innehalten, dann sprechen

Auch, wenn Sie mit der Praxis der Achtsamkeit noch wenig vertraut sind, können Sie Ihrer Wut begegnen, ohne sie zu verdrängen oder herauszuschreien. Sie können sich angewöhnen, kurz innezuhalten, statt automatisch zu reagieren, wenn Sie Wut aufsteigen fühlen. Das wird nicht auf Anhieb gelingen. Aber je häufiger Sie darauf achten, umso erfolgreicher werden Sie sein. Lassen Sie grundsätzlich den ersten Impuls zu reagieren verstreichen, und warten Sie einfach ein paar Atemzüge lang ab, bevor Sie etwas sagen oder handeln (siehe Übung Seite 76). Dadurch können Sie verhindern, dass ein Konflikt entsteht oder eine Situation eskaliert. Durch das Innehalten haben Sie **ZEIT**, nach den Ursachen Ihrer Wut zu forschen und sich zu fragen:

→ Was macht mich jetzt genau wütend?
→ Erinnert mich die Wut an etwas, das schon lange zurückliegt?
→ Kann ich die Ursache beheben?

ÜBUNG

Weise Antworten üben

Die folgende Übung zeigt Ihnen eine Möglichkeit, wie Sie versuchen können, Spannungen und den Impuls, zu reagieren, auszuhalten. Allerdings sollten Sie Ihrer Familie mitteilen, dass Sie vorhaben, das zu üben.

→ Versuchen Sie eine Zeit lang jedes Mal, wenn Ihnen eine Frage gestellt wird, erst einmal tief durchzuatmen und rund eine Minute zu warten, bevor Sie antworten.

→ Was geht dabei in Ihnen vor, welche Gedanken und Gefühle tauchen auf? Können Sie die Gefühle irgendwo im Körper spüren?

→ Wenn Sie mit Nein antworten wollen – welche Absicht steckt hinter Ihrer Ablehnung? Oder welche Einstellungen, Vorurteile könnten es sein?

Durch dieses Innehalten und In-sich-hinein-Horchen ist die Wahrscheinlichkeit groß, dass Sie vor der Antwort Ihre Absichten überprüfen und über Ihren Tonfall sinnieren – gute Voraussetzungen für weise Antworten!

Manchmal ist es auch sinnvoll, ein bisschen länger zu warten, bevor wir reagieren. Stellen Sie sich zum Beispiel vor, Ihre Tochter hält sich in letzter Zeit wiederholt nicht an Absprachen und kommt nicht zum vereinbarten Zeitpunkt nach Hause. Auch diesmal ist sie eine halbe Stunde zu spät dran, obwohl die Familie mit dem Abendessen auf sie wartet. Statt sich zu entschuldigen, verschwindet sie sofort in ihrem Zimmer. Ihre aufgestaute Wut sendet Ihnen den Impuls, Ihre Tochter auf der Stelle zur Rede zu stellen, ihr Vorwürfe zu machen und ihr deutlich zu verstehen zu geben, dass Sie sich das nicht länger bieten lassen … Doch Sie atmen ein paar Mal tief durch und lassen den Impuls verstreichen. Sie nehmen Ihre Wut erst einmal nur wahr, und Ihnen wird klar, dass Sie in diesem inneren Zustand gar nichts erreichen, sondern womöglich etwas tun und sagen, das Sie hinterher bereuen würden. Im nächsten Schritt erforschen Sie, welches die Ursache Ihrer

Wut ist – welche anderen Gefühle könnten dahinterstecken? Vielleicht haben Sie Angst, dass Ihnen alles entgleitet, wenn Ihre Tochter so einfach über die Familienregeln hinweggeht, oder ein Gefühl von Bitterkeit taucht auf und Sie denken sich: »Das hätte ich mir früher mal bei meinen Eltern erlauben sollen!« Was auch immer Sie herausfinden – indem Sie in Ihrer Wut nicht sofort reagieren, so schwer Ihnen das auch fallen mag, schaffen Sie es, einen ABSTAND zu diesem Gefühl zu bekommen und sich nicht länger von ihm beherrschen zu lassen. In diesem Zustand gelingt es Ihnen auch wieder, das grundlegende Gutsein in Ihrem Kind zu sehen – trotz seines Verhaltens.

Wenn durch die achtsame Wahrnehmung Ihrer Gefühle und Gedanken schließlich Ihre WUT VERRAUCHT ist – bitten Sie Ihre Tochter für den nächsten Tag um ein Gespräch. Dann können Sie sich ruhig und im Sinne von Buddhas Gesprächsregeln auseinandersetzen (siehe unten), und jeder kann deutlich machen, was ihn ärgert und was sich ändern soll. Sie haben mit dieser Vorgehensweise nicht nur einen sinnlosen Konflikt vermieden, sondern vermutlich auch eine Eskalation Ihrer Wut, die ein konstruktives Gespräch verhindert und die Lage zwischen Ihnen und Ihrer Tochter noch verschärft hätte. So aber sind Sie fähig, angemessen auf die Situation zu antworten.

Das Gift des Geistes entschärfen

In der buddhistischen Lehre gilt Ärger oder Zorn als das Gift des Geistes. Damit wir dieses Gift nicht aussenden, hat Buddha Regeln für das rechte Sprechen aufgestellt, die selbstverständlich auch für den Ausdruck von Wut gelten:

→ zur richtigen Zeit sprechen
→ die Wahrheit sprechen
→ zum Wohl des/der anderen sprechen
→ sanft und in Güte sprechen

> Es gibt **keinen** Grund, warum wir unseren **Kindern** ein »**Nein**« nicht genauso freundlich sagen können wie ein »**Ja**«.

[John Holt | *amerikanischer Pädagoge (1923–1985)*]

Wenn wir uns in Achtsamkeit üben, können wir jedes Mal, auch wenn wir sehr wütend sind, rechtzeitig überlegen: Warum will ich das sagen? Will ich dem anderen mit meinen Worten helfen, will ich ihn kritisieren, will ich ihm gegenüber angeben, will ich ihn beeinflussen, oder will ich ihn verletzen (weil ich mich verletzt fühle)?

Ärger achtsam ausdrücken

Wenn wir wissen, welche Absichten wir verfolgen, können wir viel ruhiger entscheiden, wie wir unseren Ärger ausdrücken wollen: Statt loszupoltern, könnten wir beispielsweise beschließen, besser den Mund zu halten und einfach nur ZUZUHÖREN und abzuwarten.

Wenn wir harte Worte benutzen, versuchen wir eigentlich nur unserem Gegenüber klarzumachen, wie sehr uns unser Anliegen am Herzen liegt und wie verletzt wir sind. Doch da er automatisch nur, damit beschäftigt ist, sich zu verteidigen, bekommt er gar nicht mit, was wir ihm sagen möchten. Wir könnten uns das Ganze also eigentlich sparen.

Durch die achtsame Wahrnehmung können wir auch besser bei uns bleiben und ICH-BOTSCHAFTEN aussenden. Unser Kind kann Kritik an seinem Verhalten viel besser annehmen, wenn wir es nicht mit Anklagen und Vorwürfen bombardieren. Statt »Immer lässt du deine Anziehsachen im Bad herumliegen, und nie räumst du irgendetwas auf!« wäre ein »Ich bin ziemlich sauer darüber, dass du dich nicht an unsere Abmachung hältst, deine Sachen in den Wäschekorb zu räumen« wesentlich klarer – und fairer obendrein, denn der zweite, verallgemeinernde Vorwurf hat nichts mit der konkreten Situation zu tun. Drücken wir uns klar aus, weiß unser Kind, wie wir uns fühlen und was der Auslöser für unser Wütendsein ist.

So können wir Ärger, der immer wieder in uns entstehen wird, konstruktiv einsetzen, um unsere Grenzen zu erkennen und zu ziehen – und nicht zerstörerisch, indem wir den anderen verletzen oder unsere Beziehung zu ihm gefährden. Letztlich ist das Kind nicht verantwortlich für unseren Ärger – es ist nur der AUSLÖSER. Sind wir gut gelaunt und ausgeglichen, bleiben wir in einer ähnlichen Situation vielleicht vollkommen ruhig und finden eine kreative Lösung für den Konflikt. Kinder drücken nur den Knopf, der unsere Schwachstellen sichtbar macht – wenn wir die Verantwortung für unsere Emotionen übernehmen, ist das der erste Schritt zu harmonischen Beziehungen.

Von Gefühlen nicht mitreißen lassen

Mit zunehmender Achtsamkeitspraxis gewinnen wir an innerer Stabilität, und mit der Zeit wird es uns möglich, auch inmitten von Angst, Unsicherheit und Chaos wachsam und stabil zu bleiben. Normalerweise werden wir von solchen Emotionen leicht hinweggefegt und fühlen einen unwiderstehlichen Drang zu reagieren. Es können sich aber völlig neue Möglichkeiten auftun, wenn es uns gelingt, mit solch drängenden Impulsen zu arbeiten, indem wir uns auf die scheinbar unerträgliche Spannung einlassen, keine Lösung parat zu haben. Sie werden sehen – es ist durchaus auszuhalten! Mit der folgenden Übung können Sie dieses NICHT-REAGIEREN trainieren. Wenn Sie beginnen, sich selbst besser wahrzunehmen, und wenn es Ihnen gelingt, einen inneren Raum zu schaffen, können Sie ab und an aussteigen, wenn Ihre alten Verhaltensmuster das Ruder übernehmen wollen.

ÜBUNG

Wahrnehmungen ins Bewusstsein rufen

→ Versuchen Sie zunächst einmal, die ganze kommende Woche hindurch zu beobachten, wie Sie auf Ärgernisse im Alltag reagieren: Was geschieht mit Ihnen, wenn Sie in Zeitdruck sind und beispielsweise in einer langen Schlange an der Kasse oder an der roten Ampel stehen?

→ Nehmen Sie Ihren Ärger, Ihre Ungeduld, Ihren Widerwillen gegen das, was gerade ist, einfach nur wahr.

→ Versuchen Sie, die Körperempfindungen und Gefühle, die sich dabei zeigen, in Worte zu fassen:

- Ich spüre in meinem Körper die Wut am deutlichsten ... (Vielleicht im Magen, der sich verkrampft, in der Brust, die zu eng wird ...)
- Ich fühle bei Wut ... (Vielleicht Hilflosigkeit, Verzweiflung ...)

→ Welche Gedanken drängen sich auf? (Vielleicht: »Wenn meine dämliche Kollegin mich vorhin nicht aufgehalten hätte ..., wenn die Kassiererin sich nicht so dumm anstellen würde ...« Oder: »Immer passiert nur mir so was Blödes« ...)

→ Atmen Sie ruhig ein und aus, und nehmen Sie Ihre Reaktionen zur Kenntnis, ohne sie zu bewerten oder sich darin zu verlieren.

→ Versuchen Sie, alles nur wahrzunehmen, nicht zu reagieren, sich nicht dagegenzustemmen, sondern einfach bei sich selbst zu sein.

Im Buddhismus wird es als Akt der Gewalt angesehen, wenn wir gegenüber unseren Kindern harte Worte benutzen, sie niederbrüllen oder lächerlich machen. Wenn Eltern die Beherrschung verlieren und sich zu verbalen Ausbrüchen oder gar zu einer Ohrfeige hinreißen lassen, passiert das meist aus einem Gefühl der OHNMACHT heraus. Wenn wir uns machtlos – ohnmächtig – fühlen, geschieht es am ehesten, dass wir ausrasten und unsere Macht gewaltsam einsetzen. Nicht zuletzt deshalb ist es sehr heilsam, wenn es uns gelingt, diesen Teufelskreis von Ohnmacht und Gewaltanwendung zu durchbrechen und unser Handeln nicht ausschließlich von unseren emotionalen Reaktionen bestimmen zu lassen.

Wenn einem der Kragen platzt

Werden wir von Zorn überwältigt, dann sind unsere Worte unfreundlich und grob – und die eigentliche Botschaft kommt bei unserem Kind gar nicht an (siehe Seite 85). Stattdessen verletzen wir es, wenn wir wild drauflosschreien, denn dabei sagen wir oft Dinge, die wir hinterher bereuen. Doch solchen automatischen Stressreaktionen lässt sich entgegensteuern. Der erste Schritt, aus diesem Reaktionsmuster auszusteigen, besteht darin, dass wir erkennen, was sich gerade abspielt. Nur wenn uns rechtzeitig bewusst wird, dass wir beginnen auszurasten, können wir innerlich »STOPP!« zu uns sagen. Dann bemerken wir plötzlich, dass sich unsere Fäuste ballen, das Blut in den Kopf steigt und sich alles in uns darauf auszurichten beginnt, unser Kind, den (vermeintlichen) Verantwortlichen für unsere Wut, anzugreifen.

Die Verantwortung behalten

In diesem Zustand kann es sehr sinnvoll sein, vielleicht erst einmal ein paar tiefe Atemzüge zu nehmen, einige Schritte auf und ab zu gehen oder sogar den Raum zu verlassen, bis wir uns so weit beruhigt haben, dass wir wieder wir selbst sind. Sollte uns dennoch der Geduldsfaden reißen, ist es sehr wichtig, uns hinterher zu entschuldigen. In welcher Form wir das tun möchten, muss jeder für sich selbst herausfinden. Es hängt auch vom Alter des Kindes ab. Bei kleinen Kindern bringt es nichts, wenn wir irgendwann später wieder auf sie zugehen und uns entschuldigen. Da ist es sinnvoller, uns selbst über unser Verhalten klar zu werden und das nächste Mal achtsamer zu sein. Wichtig ist, dass wir dem Kind weder die Verantwortung für unser Fehlverhalten aufbürden, noch dass wir uns rechtfertigen und auf sein Verständnis hoffen. Es ist NICHT SEINE AUFGABE, uns zu verstehen. Wir könnten bei einem älteren Kind zum Beispiel sagen: »Als ich vorhin so herumgemeckert habe – das war nicht in Ordnung. Ich hatte es eilig und war genervt – aber dafür kannst du natürlich nichts. Es tut mir wirklich leid.«

Als Nächstes sollten wir nach Möglichkeiten suchen, wie wir die Umgebung oder unseren Tagesablauf in einer Weise organisieren können, dass der Stress nicht dazu führt, dass wir unsere Kinder als Last ansehen. Die Stopp-Übung auf der nächsten Seite kann Ihnen dabei helfen, automatische Reaktionsmuster zu unterbrechen. Bei dieser Art von Übung geht es wieder nicht darum, etwas oder sich selbst zu verändern oder sich zu beurteilen. Es geht darum, dass wir uns selbst und unsere Reaktionsweisen kennenlernen, dass wir ein echtes Interesse an uns und unserer Art zu reagieren entwickeln.

Interpretation und Einstellung

Manchmal scheint es, als wären wir, oder auch unsere Kinder, in einer Art Zauberbann gefangen. Wir können zu einer bösen Hexe oder einem bedrohlichen Riesen werden, wenn unsere EMOTIONEN mit uns durchgehen. Der erste Schritt, uns aus einem solchen bösen Zauber zu befreien, besteht, wie wir auf den letzten Seiten erfahren haben, darin, erst einmal innezuhalten und nicht automatisch zu reagieren, wie es uns dieser Zustand eingibt.

Auch wenn es am Anfang schwerfällt und sicher nicht immer gelingen wird, können wir lernen, automatische Reaktionen zu durchbrechen. Denn wir haben es selbst in der Hand, mit welcher inneren Einstellung wir jeder Erfahrung begegnen. Wir neigen zwar dazu, unser Gegenüber für den Verursacher unserer Wut zu halten. Doch wenn wir achtsam wahrnehmen, was in uns bei einem Wutanfall vorgeht,

ÜBUNG

Rechtzeitig »Stopp« sagen

→ Experimentieren Sie in Stresssituationen ein wenig, und probieren Sie aus, ob es möglich ist, einen Moment innezuhalten.

→ Sie könnten sich einfach innerlich »Stopp« sagen und vielleicht zur Bekräftigung eine entsprechende Handbewegung machen. Dann könnten Sie zwei- oder dreimal langsam tief ein- und ausatmen und Ihre Aufmerksamkeit nach innen auf Ihren Zustand richten – ohne diesen zu beurteilen oder ändern zu wollen.

→ Als Nächstes könnten Sie sich fragen, was eigentlich los ist:

- Welches Bedürfnis in Ihnen ist gerade unbefriedigt?
- Was bräuchten Sie jetzt?
- Wer könnte Ihnen das geben?

Mit der Zeit entsteht durch die Übung ein innerer Raum, in dem sich die Möglichkeit ergibt, die Situation mit anderen Augen zu sehen. So können Sie zu einer besseren Art und Weise finden, auf sie zu antworten.

werden wir immer deutlicher erkennen, dass wir auf das reagieren, was wir interpretieren, und nicht auf das, was wirklich ist. Unser Kind sagt etwas, das in uns Ärger auslöst. Es hat lediglich einen Satz gesagt. Wir aber interpretieren, dass es uns mit seiner Aussage provozieren möchte. In Wirklichkeit ist es also unsere Interpretation eines Ereignisses, die in uns Ärger auslöst. Sagt unser Kind etwa: »Ich will jetzt nicht aufräumen«, glauben wir vielleicht, es will uns mit seiner Weigerung herausfordern, oder es ärgert uns, dass unser Kind nicht das tut, was wir erwarten. Egal was uns daran ärgert: Es ist UNSER PROBLEM. Das Kind ist nur der Auslöser und nicht die Ursache. Unser Sohn oder unsere Tochter berührt lediglich etwas in uns, das uns wehtut – und wir regieren so heftig darauf, weil es von jemandem berührt wird, der uns nicht gleichgültig ist. Denn normalerweise kann uns nur jemand wütend machen, der uns etwas widerspiegelt und der uns etwas bedeutet. Hinzu kommt, dass die INTERPRETATION einer Situation vom momentanen inneren Zustand abhängt: Wenn wir keinen Stress haben, fühlen wir uns viel weniger schnell provoziert und können die Tatsache, dass etwas nicht nach unseren Vorstellungen läuft, weitaus besser verkraften. Sind wir also ausgeglichen und zufrieden, geht es auch unserem Kind gut.

Konfliktursachen erforschen

Die Frage ist entsprechend: Wie kommen wir (wieder) ins Gleichgewicht, damit es uns (wieder) besser geht? Sinnvoll ist es, Konfliktsituationen hinterher noch einmal genau zu betrachten. Vielleicht entdecken wir MUSTER IM ABLAUF, vielleicht erkennen wir Auslöser, die in uns liegen, alte Erlebnisse und Emotionen, die durch unser Kind neu geweckt werden – manchmal sehen wir eine Eigenschaft bei unserem Nachwuchs, die wir an uns selbst ablehnen, weil wir deshalb schon von den eigenen Eltern niedergemacht wurden, und nun akzeptieren wir sie automatisch auch bei unserem Kind nicht. Bei all diesen Überlegungen kann uns die Übung auf der nächsten Seite einige wertvolle Anregungen geben.

In den seltensten Fällen erkennen wir, dass die Wurzel eines Konfliktes nicht ein »schwieriges« Kind ist, dem man vielleicht mehr Grenzen setzen oder mit mehr Konsequenz begegnen sollte, sondern vielmehr mangelnde Achtsamkeit von unserer Seite.

Stellen Sie sich die folgende Situation vor: Eine Mutter kommt von der Arbeit nach Hause, und ihr 22 Monate alter Sohn stürmt begeistert herbei, um sie zu begrüßen. Er möchte nach einem Tag des Getrenntseins wieder Kontakt herstellen. Die Mutter hat jedoch eine andere Vorstellung. Sie möchte erst aus ihrer beruflichen Rolle herauskommen, bevor sie in ihre Mutterrolle wechselt, also umarmt sie das Kind nur

ÜBUNG

Was macht Sie wütend?

→ Wenn Sie an zurückliegende Konflikte mit Ihrem Kind denken: Was haben Sie im Einzelnen getan? Versuchen Sie, den Ablauf möglichst genau nachzuvollziehen. Können Sie einen Auslöser erkennen, der Sie in Rage gebracht hat? Wann werden Sie ungeduldig?

→ Gibt es einen Auslöser, der Sie »verrückt« macht oder an den »Rand des Wahnsinns« treibt? (Beispiel: Mein 10-jähriger Sohn ist »ein kleiner Träumer«. Wir haben es eilig, und er steht nur herum, als ob ihn das alles nichts angeht.)

→ Wann platzt Ihnen am ehesten der Kragen? (Zum Beispiel wenn er überhaupt nicht mithilft und dann auch noch im Weg steht. Oder wenn alles, was ich sage, zum einen Ohr rein- und zum anderen rausgeht.)

→ Wie hat sich Ihr Kind verhalten, als Sie es geschimpft oder angeschrien haben? (Ist zum Beispiel verletzt, weint und wird dadurch kein bisschen aktiver.)

→ Welche Konflikte wiederholen sich zwischen Ihrem Kind und Ihnen? Gibt es Muster im Ablauf? (Zum Beispiel erwarte ich mehr Mithilfe, er merkt (scheinbar) nichts davon und kommt nicht auf die Idee, mehr Verantwortung zu übernehmen. Oder er wird morgens nie pünktlich fertig, obwohl ich ihn ständig erinnere, dass wir bald fahren müssen und er sich beeilen soll.)

→ Gibt es bestimmte Situationen mit Ihrem Kind, in denen Sie häufig auf den »unteren Weg« gelangen? Vielleicht sind das bestimmte Themen oder ist es eine bestimmte Art der Kommunikation? (Zum Beispiel meine Erwartungshaltung an ein »schon großes« Kind, eigene Überlastung und Frust, dass ich alles selber machen muss, meine Interpretation der Situation, dass er sich aus der Verantwortung stiehlt, indirekte Kommunikation durch Verbreiten von Hektik und Herummeckern, statt ihn rechtzeitig einzubinden und ihm konkret zu sagen, was ich von ihm in dieser Situation erwarte.)

flüchtig und geht mit den Worten »Ich bin sofort wieder da« ins Schlafzimmer, um sich umzuziehen. Dieser kurze, wenig achtsame Kontakt, gefolgt von einer weiteren räumlichen Distanz, ist für das Kind so unbefriedigend, dass es ihr weinend hinterherläuft und auf den Arm genommen werden möchte. Die Mutter versucht, das Kind abzuschütteln, um zunächst ihr eigenes Ziel zu erreichen, bevor sie sich ihm widmen will. Dies regt ihren Sohn jedoch nur noch mehr auf, was wiederum der erschöpften Mutter auf die Nerven geht. Sie sagt streng: »Ich werde nicht mit dir spielen, wenn du nicht sofort aufhörst!« Durch diese Drohung empfindet das Kind eine noch größere Distanz und regt sich noch mehr auf. Jetzt möchte die Mutter dem Kind gar keine positive Aufmerksamkeit mehr schenken, denn in ihren Augen benimmt es sich schlecht.

Die Botschaft des Kindes, wie wichtig es ihm ist, nach einem langen Tag des Getrenntseins den KONTAKT zur Mutter wiederherzustellen, wird nicht wahrgenommen. So handelt es aus Frustration darüber, nicht verstanden zu werden. Es versucht weiterhin, einen Kontakt herzustellen, wenn auch auf negative Weise.

Situationen wie die oben beschriebene sind Alltag im Leben mit Kindern. Sehen wir uns die Geschichte der Mutter unter diesem Blickwinkel noch einmal etwas näher an. Es beginnt eigentlich mit einer kleinen, nur allzu verständlichen UNACHTSAMKEIT: Aus dem Bedürfnis der Mutter heraus, erst einmal zu Hause anzukommen, hat sich eine Vorstellung über den weiteren Verlauf des Abends entwickelt. Da sie ihren Sohn nicht in ihren Plan einbezogen hat und mit ihm nicht wirklich in Kontakt getreten ist, um so ein Gefühl für ihn und seine innere Wirklichkeit zu bekommen, geht sie über ihn hinweg. Als er seiner Frustration Ausdruck verleiht, interpretiert sie dies als unangemessenes Verhalten und wird immer entnervter – sie gerät zunehmend auf den »unteren Weg« (siehe Seite 80). Das heißt, sie gerät in Stress, der wiederum dazu führt, dass sie die Situation und ihren Sohn nur noch aus ihrem Blickwinkel heraus interpretiert – und er scheint ihre Sicht durch sein Verhalten auch noch zu bestätigen. Der Schritt zu Handgreiflichkeiten oder zumindest lautstarken Schimpftiraden ist nun nicht mehr weit.

Im obigen Fall wäre beiden durch ein bisschen mehr Aufmerksamkeit seitens der Mutter der ganze Stress erspart geblieben. Statt einer flüchtigen Umarmung hätte sie ihre eigenen Vorstellungen erst einmal beiseitestellen, ihren Sohn in die Arme schließen und die Wiedersehensfreude mit ihm gemeinsam genießen können. Es hätte vermutlich nicht lange gedauert, und aus dieser Erneuerung ihrer Beziehung hätten sich auch die nächsten Schritte ergeben.

Präsenz in jedem Augenblick

Es geht hier nicht um ein Lösungsmodell, sondern darum, die Beziehung an die erste Stelle zu setzen. Wenn wir achtsam und in Beziehung sind, brauchen wir **KEIN ERZIEHUNGSPROGRAMM**. Wir erkennen in der jeweiligen Situation, was jetzt angemessen ist, und das ist letztlich nie vorhersehbar. Es hängt von unserem Zustand ab, von dem, was das Kind erlebt hat, und von vielem mehr. Jede Situation ist anders – auch wenn sie von außen ähnlich aussehen mag. Und nur wenn wir präsent sind und uns immer wieder auf das Leben einstimmen, wie es sich uns im jeweiligen Moment zeigt, können wir kreativ antworten, statt automatisch zu reagieren.

In schwierigen Alltagssituationen liegt es an uns, wie wir damit umgehen, ob wir den unteren Weg wählen und unseren Impulsen nachgeben, oder ob wir den oberen Weg der Achtsamkeit einschlagen wollen. Auch wenn wir alles so annehmen sollen, wie es ist, heißt das nicht, dass wir jeden Impuls einfach ausagieren dürfen, dass sozusagen alles erlaubt ist. In der buddhistischen Psychologie wird das Ausagieren nach dem Verdrängen oder Ignorieren als zweitbeste Möglichkeit angesehen, vor sich selbst **DAVONZULAUFEN**.

Einen neuen Weg gehen

In der Achtsamkeitspraxis wird uns ein neuer Weg gezeigt: Weder verdrängen wir unsere sogenannten negativen Gefühle, noch agieren wir sie aus. Wir geben ihnen INNERLICH RAUM und berühren sie mit einem annehmenden, liebevollen Gewahrsein. Dadurch erweitert sich unser innerer Raum, wir nehmen uns selbst und unsere Kinder auf tiefere Weise wahr, und langsam befreien wir uns aus der Zwangsjacke unserer alten Konditionierungen und finden einen Weg, gemeinsam mit unseren Kindern zu wachsen.

Konflikte sind wichtig

Oft denken wir, wir machen etwas falsch, wenn wir Schwierigkeiten haben. Wir glauben, wenn es Konflikte gibt, stimmt entweder mit den Kindern etwas nicht, oder wir hätten als Eltern versagt. Dieser Mechanismus sitzt sehr tief und löst sofort eine große Unruhe in uns aus, wenn sich irgendwo ein Problem anbahnt. »Wahrscheinlich hat er nicht genug Liebe bekommen, wenn er sich jetzt so benimmt!« »Wir hätten doch mehr Grenzen setzen sollen, wenn sie jetzt nicht tut, was wir wollen!« »Was haben wir nur falsch gemacht?« Mit solchen Gedanken verlieren wir uns in Schuldgefühlen und Selbstzweifeln und verkennen die NOTWENDIGKEITEN und CHANCEN, die mit zwischenmenschlichen Konflikten einhergehen. Denn die Vorstellung, dass es einen Weg geben könnte, alle Schwierigkeiten und Konflikte zu vermeiden, ist vollkommen lebensfremd. Es ist sogar außerordentlich schädlich, zu glauben, dass unser Leben wunderbar verliefe, würden wir nur alles richtig machen (siehe auch Seite 52). Damit setzen wir uns unter einen solch enormen inneren Druck, dass wir mit unserem Kind kaum mehr wirklich in Kontakt kommen. Die Augen der Liebe und Achtsamkeit kennen kein »richtig« und »falsch« – sie sehen tiefer. Wenn wir uns und unser Tun ständig bewerten, verlieren wir den inneren Raum, der notwendig ist, um wahrzunehmen, was wirklich geschieht – unsere Augen des Herzens bleiben verschlossen. Konflikte lassen sich im Zusammenleben mit anderen Menschen nicht vermeiden, sie gehören zum Leben dazu. Sie treten dann auf, wenn die persönlichen Grenzen eines Menschen überschritten werden, wenn die individuelle Belastbarkeit erschöpft ist.

Konflikte helfen uns, Schwierigkeiten zu erkennen und uns **WEITERZUENTWICKELN**. Denn wir können versuchen herauszufinden, was uns ins Schleudern bringt, und lernen, Konflikte nicht eskalieren zu lassen, sondern auch in kritischen Situationen ruhig zu bleiben.

Sich neu verbinden

Wenn es uns gelingt, innezuhalten und aus der Konfliktsituation für einen Moment auszusteigen, können wir den Kontakt zur inneren Wirklichkeit unseres Kindes wiederherstellen. Wir können Wege finden, uns aufs Neue mit unserem Kind zu verbinden, wenn das Band einmal abgerissen ist. Eine gute Möglichkeit dazu bietet sich zum Beispiel, wenn es schläft. Es stellt nun keine Anforderungen mehr an uns, wir können unsere Anspannung loslassen und es einfach nur ansehen. Wenn wir in dieser Weise mit unserem schlafenden Kind Kontakt aufnehmen, fällt es uns vielleicht leichter, unsere **LIEBE ZU ERNEUERN** und unsere innere Verbindung zu nähren.

Vor allem geht es immer wieder darum, zu versuchen, alles mit seinen Augen zu sehen, um es wirklich zu verstehen. So gelingt es uns, unsere Tochter oder unseren Sohn mit den Augen des Herzens zu sehen – und damit Missverständnissen, Konflikten und Leid vorzubeugen. Sobald wir unser Kind wirklich sehen, wird auch die Liebe zu ihm wieder im Vordergrund stehen, und wir werden einen Weg finden, diesem Gefühl Ausdruck zu verleihen und die Beziehung zu ihm wiederherzustellen. Wie es uns gelingen kann, die Perspektive unseres Kindes einzunehmen und mit ihm mitzufühlen, erfahren Sie im folgenden Abschnitt.

Mit den Augen
des Kindes sehen

In vielen alltäglichen Situationen mit unserem Kind hilft es, wenn wir seine Perspektive einnehmen. Ob wir ihm etwas verbieten, etwas von ihm fordern oder eine wichtige Entscheidung für es treffen – wir können uns immer wieder die Frage stellen: Wie sieht das mein Kind? Das können wir sogar schon in der Schwangerschaft praktizieren, wenn wir vor einem Konzertbesuch überlegen, wie das wohl das Kind in unserem Bauch erleben könnte. Auf dem Wickeltisch zeigt uns das Baby, ob es sich wohlfühlt – wenn nicht, können wir unser Verhalten so lange verändern, bis es zufrieden ist. Im Krabbelalter können wir uns einmal selbst in den Vierfüßlerstand begeben, um herauszufinden, wie die Welt von unten aussieht. Wenn wir die Möglichkeit haben, den Kindergarten für unser Kind auszuwählen, können wir versuchen, uns vorzustellen, wie es unserem Kind hier wohl gehen würde – abgesehen davon, dass wir natürlich genau beobachten können, wie es sich am »Schnuppertag« in der ungewohnten Umgebung verhält.

Erfühlen, was Ihr Kind bewegt

Der Perspektivenwechsel hat viele Vorteile: Unser Kind fühlt sich ernst genommen und gesehen, wir vertiefen die Verbundenheit mit ihm und fühlen uns bei unseren Interaktionen sicherer. Wenn wir unser MITGEFÜHL stärker entwickeln, steigern wir unsere Wahrnehmung und unsere Fähigkeit, unseren Kindern und dem Leben einfühlsam, kreativ und flexibel zu begegnen – und dabei wirklich auf unser Innerstes zu hören. Denn Liebe, Mitgefühl und Achtsamkeit sind der Nährboden, auf dem sowohl Kinder als auch wir selbst unser inneres Potenzial entfalten und Zugang zu unserer eigenen inneren Weisheit gewinnen können. Empathie, also Einfühlungsvermögen, ist die Basis und der Schlüssel aller zwischenmenschlichen Beziehungen. In der Eltern-Kind-Beziehung bedeutet Empathie, dass sich die Eltern in das Kind hineinversetzen und die Welt mit seinen Augen betrachten. So können Kinder am Beispiel ihrer Eltern auch selbst Empathie entwickeln.

Empathie kultivieren

Zwar bringen Menschen von ihrer Anlage her mehr oder weniger Einfühlungsvermögen mit. Doch ist es durchaus möglich – und natürlich sehr wünschenswert –, unsere Empathie zu trainieren und zu kultivieren. Dazu haben wir im Zusammenleben mit unseren Kindern reichlich Gelegenheit, etwa wenn wir uns angewöhnen, nach dem Standpunkt unseres Kindes zu fragen. Dadurch gewinnen wir nicht nur mehr Verständnis für unser Kind, sondern können Situationen auch umfassender wahrnehmen. Versuchen Sie doch einmal, einen Konflikt, zum Beispiel ums Aufräumen, aus der Sicht Ihres Kindes zu beschreiben, möglichst in der Ich-Form: »Ich sitze in meinem Zimmer und höre Musik. Da kommt meine Mutter herein und sagt in einem ziemlich unfreundlichen Ton: ›Jetzt räum doch endlich mal dein Chaos auf!‹ ...« Wenn Sie die Szene fertig beschrieben haben, werden Sie mit großer Wahrscheinlichkeit die Situation anders beurteilen und Ihr Kind besser verstehen können. Vielleicht werden Sie beim nächsten Mal Ihre Worte und Ihren Tonfall ACHTSAMER wählen und sich überlegen, ob es einen passenderen Zeitpunkt für Ihre Ansage gibt.

Sie können auch noch weiter gehen und versuchen, einen ganzen Tagesablauf aus der Sicht Ihres Kindes zu beschreiben: Wie es morgens von Ihnen geweckt wird und aufsteht, frühstückt, in die Schule fährt, was es dort erlebt, wie es mittags heimkommt, vielleicht von Ihnen empfangen wird, isst, Hausaufgaben erledigt und seine Freizeit gestaltet. Sie können sich angewöhnen, bei Interaktionen mit Ihrem Kind immer mal wieder seine Perspektive einzunehmen und somit in seine

Rolle zu schlüpfen. Das müssen nicht jedes Mal schwierige Situationen sein, aber in solchen ist es natürlich besonders hilfreich, dass Sie sich in Ihr Kind hineinversetzen. Kinder können sehr unbequem sein, wenn sie auf sich und ihre Bedürfnisse aufmerksam machen wollen. Sie teilen uns durch ihr Verhalten mit, ob es ihnen gut geht oder nicht. Die Frage ist nur, ob wir die SIGNALE auch hören und angemessen auf sie eingehen oder ob wir die Kinder einfach als »schwierig« etikettieren, womit das Problem nicht mehr bei uns liegt.

Die Perspektive wechseln

Im Buddhismus ist es eine wichtige Tugend, Mitgefühl zu entwickeln, wobei uns auch hier wieder die Achtsamkeit hilft. Es ist nicht schwer, mitzufühlen, wenn unser Kind Schmerzen hat oder traurig ist. Dann werden wir es gerne trösten und uns ihm mitfühlend zuwenden. Ob wir aber wirklich einfühlsam sind, zeigt sich erst, wenn unser Kind nicht das tut, was wir erwarten oder uns wünschen. Wenn es um sich tritt, mit Dingen wirft oder zornig seinen Unmut herausschreit, wenn seine Interessen oder Ansichten unseren entgegenstehen. Erst dann zeigt sich, ob wir uns innerlich verhärten, »hart durchgreifen« und versuchen, unseren eigenen Willen durchzusetzen – mit allem Geschrei und Gebrüll oder Liebesentzug, die üblicherweise dazugehören. Oder ob wir bereit sind, uns in unser Kind hineinzuversetzen und VERSTÄNDNIS für sein Verhalten zu entwickeln.

Das heißt natürlich nicht, dass wir alles gut finden müssen, was unser Kind tut, etwa wenn es seinen eigenen Willen mit Zorn und Aggression durchsetzen will. Aber es macht einen großen Unterschied, wie wir darauf reagieren. Ob wir zurückbrüllen, es ohrfeigen oder uns zu sonstigen zweifelhaften Erziehungsmaßnahmen hinreißen lassen oder ob wir unser Herz öffnen. Durch Empathie schaffen wir die Voraussetzung dafür, dass wir unser Kind wirklich als das wahrnehmen und akzeptieren, was es ist: eine eigenständige Persönlichkeit, deren Gefühle wir respektieren, auch dann, wenn wir sie (noch) nicht verstehen können. Wir nehmen sie immerhin so ernst, dass wir uns wirklich darum bemühen. Es geht um unsere innere Haltung: Nur wenn wir lernen, unsere Kinder mit den Augen des Herzens zu sehen, können wir wahrnehmen, was in einer Situation angemessen ist – wobei wir auch die Liebe für uns selbst nicht außer Acht lassen dürfen (siehe ab Seite 110). Nur wenn wir mit uns selbst in Kontakt sind, spüren wir rechtzeitig, ob wir an unsere Grenzen kommen, und können uns auf angemessene Weise um unsere Bedürfnisse kümmern. Und wenn es uns zu viel wird, sagen wir eben Nein. In diesem Fall ist das Nein ein Ja zu uns selbst. Natürlich darf das Kind nun enttäuscht sein oder wütend. Dann können wir ihm freundlich vermitteln, dass wir das verstehen, dass wir aber nun eine Pause brauchen und später wieder für es da sind.

Nur wenn wir uns unseren Kindern solchermaßen innerlich voll zuwenden und mit ihnen mitfühlen, können sie unsere LIEBE spüren. Ihre Essenz kann sich nur entfalten, wenn wir immer wieder ihres grundlegendes Gutseins gewahr werden, wenn wir uns immer aufs Neue fragen: Wer ist mein Kind in seinem innersten Wesen?

Die inneren Bedürfnisse entdecken

Empathie hilft uns, aus unserer üblichen Sichtweise auszusteigen, unsere Intuition zu entwickeln und somit zu einer tieferen Wahrnehmungsfähigkeit zu gelangen. Mit Einfühlungsvermögen können wir herausfinden, welches Bedürfnis unseres Kindes hinter seinem Verhalten steckt, warum es gerade schreit, was es braucht. Mitgefühl ist entscheidend, damit wir so präsent wie möglich für unsere Kinder und ihre Bedürfnisse dasein können. Versetzen wir uns dazu doch einmal in unser Kind und fragen es, wie seine Eltern sein sollten, damit es sich wirklich angenommen fühlt. Die folgende Übung hilft Ihnen dabei, sich einzufühlen und eine neue Perspektive zu gewinnen.

ÜBUNG

Wunscheltern vorstellen

→ Nehmen Sie sich ein wenig Zeit, in der Sie sich nicht stören lassen. Atmen Sie ein paarmal bewusst ein und aus, um bei sich anzukommen.

→ Konzentrieren Sie sich nun auf Ihr Kind, und versuchen Sie, sich in es einzufühlen. Wenn es für Sie eine Hilfe ist, können Sie auch die Rolle des Kindes spielen und es so zu sich selbst sprechen lassen. Vielleicht möchten Sie dazu zwei Stühle einander gegenüber aufstellen und bewusst die Position wechseln, wenn Sie das Kind darstellen.

→ Versuchen Sie, nicht so sehr von dem auszugehen, was Sie denken, sondern fühlen Sie sich ein, und lassen Sie die Worte einfach kommen. Wenn Sie das Gefühl haben, dass auf diese Weise eine wirkliche Verbindung zu Ihrem Kind entsteht, können Sie mit ihm auch in einen Dialog treten und es fragen, was es sich von Ihnen wünscht. Auch hier kann der Positionswechsel eine Hilfe sein.

→ Wenn Sie dabei bleiben können, stellen Sie sich vor, Sie wären ein Kind und hätten die Möglichkeit, sich Ihre Eltern auszusuchen. Wenn Sie sich wirklich in diese Situation versetzen, nach innen fühlen und Ihrer Fantasie freien Lauf lassen: Welche Qualitäten würden Sie sich bei Ihren Eltern wünschen? Was wäre Ihnen wichtig? Wie wünschen Sie sich Ihre Umgebung?

Es geht dabei nicht darum, in Ihre eigene Kindheit zurückzugehen und sich damit zu befassen, was Ihre Eltern Ihnen alles nicht gegeben haben. Vielmehr versuchen Sie, den Ort in sich zu erreichen, an dem Sie intuitiv wissen, was ein Kind sich für sein Leben wünscht. Wir alle waren Kinder, und wir alle haben dieses Wissen. Wenn Sie diese Übung immer wieder einmal ausführen, ohne dabei schnelle Ergebnisse zu erwarten, werden Sie den Zugang zu diesem inneren Wissen wiederfinden.

→ Schließen Sie die Übung für diesmal in Ihrem eigenen Rhythmus ab, strecken Sie sich, und kommen Sie achtsam in den Alltag zurück.

Wünsche und Bedürfnisse erkennen

Im Alltag können wir diese Übung vereinfachen und auf unsere momentane Lebenssituation anwenden, indem wir uns fragend den Wünschen unseres Kindes nähern. Bei einem Baby ist es mit etwas Empathie häufig gar nicht so schwer zu beantworten, was es sich gerade wünscht, denn in der Regel geht es vor allem um die Befriedigung seiner Grundbedürfnisse. Wir können uns an seine Stelle denken und wissen oft sofort die ANTWORT: Was würde ich mir wünschen, wenn ich weine – in den Arm genommen und getröstet zu werden oder ein kühles »Ist schon nicht so schlimm!« zu hören? Was wäre mir lieber – schreiend einzuschlafen oder sanft in den Schlaf gewiegt zu werden? Wäre es mir angenehmer, ruhig und achtsam die Windeln gewechselt zu bekommen oder schnell und grob? Obwohl die Fragen mehr rhetorischen Charakter haben und in der Regel eindeutig zu beantworten sind, fällt es uns manchmal schwer, uns danach zu richten. Denn die Bedürfnisse unseres Babys sind oft andere als unsere eigenen. Das Beispiel auf der nächsten Seite zeigt Ihnen, wie Sie in einer solchen Situation vorgehen können.

Erfahrungen mit Mitgefühl begegnen

Buddha zeigte einen Weg auf, all unseren Erfahrungen mit offenen Augen und einem offenen Herzen zu begegnen. Was es dafür braucht, ist Achtsamkeit – ein Gewahrsein unserer Erfahrungen im aktuellen Moment, ohne diese als gut oder schlecht zu beurteilen, ohne sie zu verdrängen oder zu versuchen, sie festzuhalten. Praktizieren wir dies mit wohlwollendem Interesse für uns und unsere Erfahrung, wird es uns zunehmend gelingen, allem, was geschieht, mit mehr Mitgefühl und Gelassenheit zu begegnen. Wir finden unser GLEICHGEWICHT immer mehr und lernen, auch auf den höheren Wellen unseres Lebens zu surfen, statt hilflos hierhin und dorthin geschleudert zu werden.

Erfahrungsbericht

Marion, 36, mit Lukas, 5 Monate

Neulich war ich völlig verzweifelt. Es war zwei Uhr morgens und mein Baby weinte – mal wieder! Es war bereits die dritte Nacht hintereinander, dass ich auf diese Weise gleich mehrmals geweckt wurde. Der Schlafentzug führte dazu, dass ich mich zunehmend dünnhäutig, hilflos und reizbar fühlte. Gedanken schossen mir durch den Kopf: »Warum schläft dieses Kind nicht? Was mache ich falsch? Die Kinder der anderen Mütter in der Elterngruppe scheinen alle durchzuschlafen – nur meines nicht. Vielleicht hat es eine Kolik? Verdammt noch mal – gib endlich Ruhe! Wenn wenigstens Ingo aufstehen und mich unterstützen würde. Aber der muss ja morgen zur Arbeit. Das ist so ungerecht!«

Doch plötzlich, inmitten von Zweifeln, Selbstmitleid und Wut auf meinen Partner, erinnerte ich mich an die Übung, die ich in einem Achtsamkeitsseminar gelernt hatte.

Ich sagte ganz bewusst »Stopp« und unterbrach die negativen Gedanken, die meine Verzweiflung schürten. Nach ein paar tiefen Atemzügen gelang es mir, die Situation so zu sehen, wie sie sich objektiv darbot: Ich war müde und mein Baby weinte. Das war an sich weder gut noch schlecht – so war es einfach. Als ich die Situation auf diese Weise sehen konnte, verlor sie etwas von ihrer Ausweglosigkeit. Statt mich von meinen Gedankenfluten davontragen zu lassen, wandte ich mich meiner Atmung und meinem Körper zu und spürte der Müdigkeit nach. Dann umfasste ich mich mit den Armen und wiegte mich ein wenig vor und zurück – so versuchte ich, dem Ganzen mit Freundlichkeit zu begegnen, statt gegen meine Erfahrung anzukämpfen. Und mein Baby? Es weinte. Mir wurde klar, dass es mich weder manipulieren noch provozieren wollte – es ist nun mal so, dass Babys weinen, wenn sie die Aufmerksamkeit ihrer Eltern brauchen. Als ich die Situation so sah und aufhörte, dagegen aufzubegehren, ging es mir schlagartig besser.

Wenn es uns gelingt, schwierige Situationen und die entsprechenden Gefühle auch nur etwas mehr anzunehmen, so wie sie sind, kann viel unnötiges Leiden vermieden werden. Auch wenn es nicht gerade schön ist, mitten in der Nacht geweckt zu werden, wie die Mutter in dem Beispiel eben – unerträglich wird es vor allem durch die urteilenden oder Angst erzeugenden Gedanken, die ihr durch den Kopf schießen. Wenn wir negative Gedanken als das erkennen, was sie sind – einfach nur Gedanken –, verlieren sie etwas von ihrer MACHT über uns. Wir erkennen, dass die Gedanken, die uns zum Beispiel erzählen, unser Kind wolle uns schikanieren oder wir seien als Eltern unzulänglich, nicht der Wirklichkeit entsprechen. Wir müssen sie nicht glauben. So wird es sehr viel wahrscheinlicher, dass wir dem Kind und uns selbst mit mehr Mitgefühl und Einfühlungsvermögen begegnen.

Das Kind einbeziehen

Wenn unser Kind krabbelt und seine ersten Gehversuche unternimmt, hilft uns Einfühlungsvermögen, seine Freude beim Entdecken der Welt nachzufühlen, aber auch seine Frustrationen, weil vieles noch nicht gelingen will. Welche Eltern wünscht sich wohl ein Krabbelkind? Es wünscht sich solche, die seine Freude teilen und liebevoll und verständnisvoll sind, wenn es wütend und frustriert ist. Es wünscht sich aber auch eine sichere, anregende Umgebung, die es erforschen kann – und eine zuverlässige Person, zu der es immer wieder zurückkehren und bei der es GEBORGENHEIT finden kann.

Fragen Sie Ihr Kind nach seiner Sicht – selbst wenn es noch gar nicht antworten kann. So wird Ihnen eine empathische Haltung von Anfang an selbstverständlich: »Ist dir das angenehm, wenn ich dir so beim Anziehen helfe?« »Was hast du in diesem Moment empfunden, als die Kindergärtnerin dir das gesagt hat?« »Wie ging es dir gestern, als wir uns so gestritten haben?« Auf diese Weise lernen Sie Ihr Kind besser kennen, trainieren Ihr Einfühlungsvermögen und verbessern auch die

> Sprechen ist eine sehr **wichtige** Übung, besonders im täglichen **Leben**. Die meisten **Probleme** im Leben sind auf unachtsame **Worte** zurückzuführen.
>
> [Godwin Samararatne | *buddhistischer Meditationslehrer aus Sri Lanka (1932–2000)*]

Kommunikation mit Ihrem Kind. Es spürt Ihr Interesse und bekommt mehr und mehr das Gefühl, wirklich verstanden und angenommen zu werden. Hören Sie sich auch einmal selbst zu: Sprechen Sie mit Ihrem Kind so, wie Sie selbst sich wünschen, dass ein anderer mit Ihnen redet? Verhalten Sie sich so, dass Ihr Kind Ihnen gerne zuhört? Aktives Zuhören und ACHTSAMES REDEN erfordern Aufmerksamkeit, Zurückhaltung und Stille. Es geht darum, nicht zu unterbrechen, nicht zu urteilen, denn jeder darf denken, was er will.

Bei älteren Kindern erhalten wir zunehmend Signale, die weniger eindeutig sind, die unser Einfühlungsvermögen immer wieder herausfordern. Sie geben uns reichlich Gelegenheit, unsere Empathie weiterzuentwickeln. Zwar wird auch ab und zu unser Trost oder eine wortlose Umarmung gewünscht, doch wird das nicht immer eindeutig ausgedrückt. Oft sind es versteckte Botschaften, trotzige Reaktionen oder Rückzug, mit dem unser Kind auf uns und unser Interesse an ihm reagiert. Auch dann, wenn es uns zurückweist und unsere Gefühle verletzt sind, kommt es darauf an, dass wir uns weiterhin bemühen, uns in den Schmerz hineinzuversetzen, den unser Kind in der Situation empfindet. Es soll spüren, dass wir zu ihm stehen, auch wenn uns sein Verhalten missfällt. Unsere einfühlende Achtsamkeit wird dabei ab und zu auf die Probe gestellt – doch das gehört zum Elternsein dazu.

ÜBUNG

Energie auftanken: Verbindung schaffen

Diese Übung kann uns daran erinnern, was uns wirklich mit unseren Kindern verbindet – jenseits aller Schwierigkeiten, die wir vielleicht mit ihnen haben. Im Alltag geht diese tiefe Verbundenheit leicht verloren, und wenn sich unsere Kinder nicht (mehr) mit uns verbunden fühlen, werden wir sie auch schwer erreichen und können nicht wirklich mit ihnen kommunizieren.

→ Auch diese Übung können Sie im Sitzen oder im Liegen ausführen. Experimentieren Sie einfach ein wenig, womit Sie besser zurechtkommen.

→ Lassen Sie sich zu Beginn einfach wieder ein wenig Zeit, um bei sich selbst und Ihrem Körper anzukommen. Erinnern Sie sich wieder, dass es nichts gibt, das Sie erreichen oder leisten müssen, sondern dass dies eine Zeit ist, um einfach mit Ihrer inneren Erfahrung zu verweilen und dies auf wohlwollende und interessierte Art und Weise zu tun.

→ Wenn Sie also Ihre Aufmerksamkeit zunächst auf Ihren Körper richten, schauen Sie, ob Sie gut sitzen oder liegen, und fühlen Sie von innen noch einmal, ob Sie sich vielleicht durch eine kleine Bewegung hier oder dort noch ein wenig besser einrichten können.

→ Wenn Sie dann bereit sind, wenden Sie sich Ihrem Atem zu, ohne ihn zu verändern, begleiten Sie ihn einfach sanft mit Ihrer Aufmerksamkeit. Und wenn Sie merken, dass Sie abgeschweift sind, registrieren Sie kurz, wo Sie gelandet sind, um dann wieder sanft zu Ihrem Atem zurückzukehren.

→ Wenn Sie sich bereit fühlen, können Sie wieder eine Situation vor Ihrem inneren Auge oder Ihrem inneren Gefühl auftauchen lassen, wo Sie mit Ihrem Kind gemeinsam Freude erlebt haben oder sich über etwas gefreut haben, das Sie bei ihm beobachtet haben. Das kann kürzere Zeit zurückliegen oder auch schon länger her sein, das spielt für diese Übung keine Rolle.

→ Lassen Sie sich ein wenig Zeit, damit die Situation vor Ihrem inneren Auge – oder falls Sie nicht so visuell veranlagt sind: vor Ihrem inneren Gefühl – Gestalt annehmen kann. Nehmen Sie auch wahr, wie sich das anfühlt, in dieser Art und Weise mit Ihrem Kind Kontakt aufzunehmen.

→ Wenn Sie möchten, können Sie nun versuchen, zu dem Kind eine Verbindung herzustellen. Das kann eine Verbindung sein, die Sie wie eine Brücke in Form eines Regenbogens zu ihm entstehen lassen, oder auch eine Verbindung aus Licht oder einer Farbe, die für Sie heute und in dieser Beziehung zu diesem Kind passend erscheint. Lassen Sie sich die Zeit, die Sie brauchen, um diese Verbindung aus Farben und Licht entstehen zu lassen.

→ Und wenn Sie möchten, können Sie auch versuchen, über diese Brücke, über diese Verbindung, eine Botschaft oder eine Frage an das Kind zu schicken, und dann schauen, was geschieht, es einfach ausprobieren, ohne etwas Bestimmtes oder Besonderes zu erwarten. Wird die Botschaft, die Sie geschickt haben, ankommen? Wird etwas zurückkommen? Wenn Sie nicht gleich etwas spüren, lassen Sie es so stehen, und bewerten Sie nichts.

→ Wenn Sie so weit sind, können Sie sich darauf einstellen, für jetzt, für diese Übung, die Verbindung zu Ihrem Kind abzubrechen und sich innerlich zu verabschieden in dem beruhigenden Bewusstsein, dass Sie jederzeit wieder Kontakt zu ihm aufnehmen können.

→ Kommen Sie nun in Ihrer Zeit wieder zu sich selbst zurück, und geben Sie sich vielleicht noch einige Minuten, um ein wenig nachzuspüren, was diese Übung in Ihnen ausgelöst hat, womit Sie in sich selbst in Verbindung gekommen sind.

→ Lassen Sie sich auch dann wieder die Zeit, die Sie brauchen, um die Übung für sich zu beenden, die Augen zu öffnen, sich gegebenenfalls zu rekeln, zu dehnen und wieder zu Ihrem Alltag zurückzukehren.

Der mittlere Weg für Eltern

→ Im Buddhismus geht es darum, extreme Positionen zu vermeiden, um auf den »mittleren Pfad der Erkenntnis« zu gelangen. Diesen Weg zu gehen, ist auch im Leben mit unseren Kindern hilfreich, denn er bedeutet, dass wir ihnen helfen, wenn es nötig ist, und sie loslassen, wenn es sinnvoll ist.
Um unterscheiden zu können, wann das eine und wann das andere angesagt ist, hilft uns wieder Achtsamkeit.

Mit Akzeptanz
zu mehr Gelassenheit

Vermutlich wünschen sich die meisten Eltern mehr Gelassenheit im Umgang mit ihren Kindern. Aber kann man Gelassenheit wirklich entwickeln? Auch hierzu zeigt Buddha Wege auf, die Eltern gehen können. Mit Gelassenheit im buddhistischen Sinne ist nicht »Laissez faire«, Gleichgültigkeit oder gar Fahrlässigkeit gemeint. Vielmehr geht es darum, anzunehmen, was ist, und Vorstellungen loszulassen, wie es sein sollte. Für uns Eltern heißt das: Wir können uns darin üben, die Eigenheiten unserer Kinder zuzulassen, ihre angelegten Fähigkeiten ebenso wie ihre SCHWÄCHEN ANZUNEHMEN und in die Natur eines jeden Kindes zu vertrauen.

Den meisten Eltern fällt es jedoch ausgesprochen schwer, das Temperament und die Charakterzüge ihrer Kinder so zu akzeptieren, wie sie sind. Oft versuchen Eltern, auf das Wesen ihres Kindes erzieherisch Einfluss zu nehmen, sobald sich Eigenschaften zeigen, mit denen sie schwer umgehen können. Doch der Schlüssel, um zu mehr Gelassenheit zu kommen, liegt ausgerechnet darin, die Individualität jedes unserer Kinder anzunehmen. Hilfreich dafür, dass wir unsere Kinder wirklich so annehmen können, wie sie sind, ist allerdings, dass wir fähig sind, auch uns selbst mit all unseren Stärken und Schwächen zu akzeptieren.

Sich akzeptieren mithilfe von Metta-Meditation

Wenn wir von unseren Eltern nicht bedingungslos geliebt und angenommen wurden, setzen wir uns meist selbst durch überhöhte Ansprüche und Forderungen unter Druck, statt uns zu akzeptieren, wie wir sind. Und entsprechend schwer fällt es uns, Liebe und Akzeptanz für unsere Kinder zu entwickeln. Doch es gibt in der buddhistischen Tradition eine besondere Form der Meditation, die unsere Selbstakzeptanz und HEILUNG einleiten kann, sodass sich unser Herz für uns selbst und somit auch für unsere Kinder öffnet.

Die sogenannte Metta-Meditation ist eine wesentliche Ergänzung zu den Achtsamkeitsmeditationen. Metta heißt so viel wie »liebende Güte«. Je länger wir sie praktizieren, umso besser gelingt es uns, uns selbst und andere so anzunehmen, wie wir und sie sind, mit all den Fehlern und Unzulänglichkeiten. Denn es geht nicht darum, dass wir bessere Menschen werden oder uns unliebsamer Eigenschaften entledigen, sondern darum, ein umfassendes, ANNEHMENDES und liebevolles GEWAHRSEIN für das, was ist, zu entwickeln.

Unsere wahre Natur (wieder) entdecken

Weder in der Achtsamkeits- noch in der Metta-Meditation versuchen wir, in irgendeiner Weise anders zu sein, als wir gerade sind. Hinter unseren scheinbaren Schwächen, die wir oft loswerden wollen, liegen meist auch unsere inneren Schätze verborgen. Würden wir alles über Bord werfen, was wir nicht an uns mögen, würden wir auch unsere eigene wahre Natur, unsere Essenz, verlieren.

Durch die Praxis der Metta-Meditation entwickelt sich ein Feld liebevoller Zuwendung, die alles mit einschließt. Diese Art der Zuwendung ermöglicht uns tiefe Einsichten in unsere Reaktionsweisen und unsere Persönlichkeitsstruktur. Gleichzeitig bringt sie uns in Kontakt mit unserer wahren Natur, mit innerer Gelassenheit, mit bedingungsloser INNERER FREUDE.

Sie haben im zweiten Kapitel ab Seite 41 bereits einiges über das innere Wesen des Menschen und die Buddha-Natur erfahren. Um mit unserem grundlegenden Gutsein in Kontakt zu kommen und unseren inneren Wert zu entdecken, ist es notwendig, mit uns selbst Freundschaft zu schließen und uns selbst gegenüber Liebe und Mitgefühl zu entwickeln. Wenn die ständige Selbstkritik und Selbstbewertung in unserem Kopf zur Ruhe kommen und einem annehmenden Gewahrsein weichen können, hat dies ähnlich positive Folgen wie die liebevoll vorbereitete Umgebung für Kinder (siehe ab Seite 60). Unser ureigenstes Wesen bekommt Nahrung, und ein tief gehender HEILUNGSPROZESS kann beginnen – in seinem eigenen Rhythmus und in seiner eigenen Zeit.

Achtsamkeit und Metta gehören zusammen

Die Metta-Meditation stammt wie die Achtsamkeitsmeditation aus der buddhistischen Tradition, ist aber wie diese unabhängig von unserem Glauben oder unserer Weltanschauung. Hier werden wir uns nur mit der Grundübung befassen, die dazu dient, liebende Güte uns selbst gegenüber zu entwickeln. Tatsächlich ist die Metta-Meditation eine sehr umfassende und tiefgehende Praxis, die um vieles weiter reicht. Vereinfacht könnte man sagen, dass sie dazu dient, unser Herz zu öffnen und alles und jeden in unsere liebevolle Zuwendung mit einzuschließen. Mithilfe der Achtsamkeitsmeditation üben wir, die notwendige Klarsicht und Stabilität zu entwickeln, um mit offenem Herzen leben zu können, ohne von unserem persönlichen Schmerz oder dem anderer Menschen überflutet zu werden. So können wir uns dem Leid in uns und in der Welt zuwenden, ohne unser Herz aus Selbstschutz verschließen zu müssen. Auf diese Weise ist es uns möglich, eine angemessene Antwort auf die Fragen zu finden, die das Leben uns stellt. Letztlich kann man Achtsamkeit und Metta nicht trennen – sie sind zwei Seiten einer Medaille. In den meisten asiatischen Sprachen wird nicht zwischen Geist und Herz unterschieden – es geht immer um die ausgewogene Öffnung des HERZ-GEISTES, um ein offenes Herz und einen klaren Geist. Insofern ist Achtsamkeit ohne Metta und umgekehrt nicht denkbar. Es ist eher so, dass verschiedene Praktiken auch unterschiedliche Aspekte unseres Herz-Geistes nähren.

> Alle spirituellen **Methoden**
> sind nur **Mittel**, um Gewahrsein,
> Herzenswärme und **Mitgefühl**
> auf dem Weg zu entwickeln. Das ist **alles**.
>
> [Jack Kornfield | *amerikanischer Meditationslehrer*]

Wenn wir in einer Situation vor dem Leid eines anderen zurückschrecken, uns innerlich verschließen, reagieren wir je nach Persönlichkeitsstruktur automatisch mit Angriff oder Flucht. Wenn wir jedoch unser Herz auch angesichts von Schmerz OFFENHALTEN können, ist es möglich, zu erkennen, welche Reaktion die Situation tatsächlich von uns erfordert. Dann sind wir in der Lage, wahrhaft kreativ, schöpferisch und angemessen zu handeln.

Alte Glaubenssätze erkennen und loslassen

In der Metta-Meditation geht es darum, uns mit liebender Güte uns selbst zuzuwenden und mit echtem Interesse wahrzunehmen, welche Reaktionen das in uns hervorruft – ohne diese zu bewerten. Es ist nicht unbedingt so, dass wir uns durch die Übung gleich geliebt und rundum angenommen fühlen. Manchmal scheint alles zunächst schlimmer zu werden, wenn die negativen Botschaften in unser Bewusstsein dringen. Aber nur wenn wir sie wahrnehmen, können wir sie als das sehen, was sie sind: verinnerlichte Glaubenssätze aus dem Umfeld, in dem wir aufgewachsen sind. Sie sind einfach nur Gedanken, die nichts mit unserer wahren Natur zu tun haben. Indem wir sie als solche erkennen und ihnen nicht mehr so hilflos ausgeliefert sind, können wir in Kontakt mit unserem grundlegenden Gutsein kommen, unserem wahren Wert.

ÜBUNG

Die Metta-Meditation

Wenn wir Metta praktizieren, säen wir einfach liebende Güte, in dem Vertrauen, dass es in seiner Zeit Früchte tragen wird.

→ Nehmen Sie sich ein wenig Zeit, und suchen Sie sich zunächst einen Ort, an dem Sie ganz ungestört sind.

→ Finden Sie eine Art des Sitzens, die gelassen, aber doch aufrecht ist, ohne sich irgendeinen Zwang anzutun oder zu versuchen, einer äußeren Form zu entsprechen. Lassen Sie sich einfach ein wenig Zeit, um auf Ihrem Platz anzukommen, fühlen Sie nach innen zu Ihrem Körper, und richten Sie sich so ein, wie es Ihnen im Moment entspricht.

→ Nun können Sie die klassischen Metta-Sätze mehrere Male zu sich selbst sagen. Dann warten Sie ab, um sie nachklingen zu lassen und zu schauen, welche Reaktionen sich zeigen. Hier einige Beispiele:

- »Mögest du glücklich sein.«
- »Mögest du inneren Frieden finden.«
- »Mögest du zu deiner inneren Kraft finden.«
- »Mögest du leicht und unbeschwert durch dein Leben gehen.«
- »Möge sich dein Herz öffnen.«

→ Probieren Sie die Sätze aus, und versuchen Sie zu spüren, wovon Sie sich im Moment besonders angesprochen fühlen. Suchen Sie sich zwei oder drei Sätze aus, und wiederholen Sie diese. Vielleicht denken Sie sich auch andere aus, die für Sie noch besser passen.

→ Egal was sich in Ihrem Bewusstsein zeigt, betrachten Sie es mit Anteilnahme und Interesse, ohne sich von Ihren Reaktionen mitreißen zu lassen. Wenn Sie bemerken, dass Sie abgeschweift sind, kommen Sie einfach wieder zurück zur Übung, die Sie schließlich in Ihrem eigenen Rhythmus beenden können.

Varianten der Metta-Meditation

Es gibt viele Menschen, die Schwierigkeiten haben, sich selbst diese Art von ZUWENDUNG zu geben, wie sie in der letzten Übung beschrieben wurde. Sie haben das Gefühl, es nicht wert zu sein, so sehr verinnerlicht, dass sich die Sätze einfach nicht stimmig anfühlen. In diesem Fall gibt es noch zwei Varianten, die Sie ausprobieren können. Zum einen können Sie sich vorstellen, dass nicht Sie selbst diese Sätze sagen, sondern jemand, zu dem Sie eine innere Beziehung haben und dem Sie vertrauen können, dass er meint, was er sagt. Das kann ein Heiliger sein, Gandhi, Buddha, Jesus, Mutter Teresa, der Dalai Lama, ein Engel oder wer immer Ihnen das Gefühl vermitteln kann, wirklich gesehen und angenommen zu werden. Lassen Sie diesen anderen einfach vor Ihrem inneren Auge auftauchen und die Sätze an Sie richten, und nehmen Sie wahr, was dies in Ihnen auslöst. Die andere Variante können Sie auf der nächsten Seite ausprobieren.

Erwarten Sie keine Wunder, sondern geben Sie sich und Ihrer Entwicklung Zeit. Wählen Sie einfach eine Form der Übung, die Ihnen zusagt, säen Sie liebende Güte, lehnen Sie sich zurück, und warten Sie ab, was geschehen wird. Metta-Meditation hat nichts zu tun mit Methoden wie dem positiven Denken. Wir reden uns nicht ein, dass wir liebenswert oder glücklich sind, sondern wenden uns selbst mit Liebe und Mitgefühl zu und warten dann ab, welche Reaktionen in unserem Inneren auftauchen. Es ist sicher nicht ohne Weiteres möglich, diese Art von Meditation aus einem Buch zu lernen. Aber Sie wissen nun, worum es bei der Metta-Meditation geht, und können sich gegebenenfalls selbst auf den Weg machen, um die nötige Unterstützung zu finden (siehe Anhang Seite 156). Wenn Ihnen diese Form von Übung zusagt, können Sie schließlich auch Ihr Kind vor Ihr geistiges Auge rufen und die Sätze an es richten. Das ist eine wunderbare Möglichkeit, die innere VERBINDUNG zu ihm zu vertiefen oder wiederherzustellen, wenn Sie sie einmal verloren haben.

ÜBUNG

Variante der Metta-Meditation

→ Nehmen Sie sich wieder Zeit, in der Sie sich von niemand stören lassen. Dann kommen Sie mit ein paar tiefen Atemzügen zur Ruhe.

→ Wenn Sie so weit sind, stellen Sie sich vor, Sie würden sich selbst als Baby oder als kleines Kind im Arm halten.

→ Dann sagen Sie die Metta-Sätze, die Ihnen passend erscheinen, zu sich selbst. Sie werden so für sich selbst die Eltern, die Sie gebraucht hätten.

→ Dabei ist es wichtig, dass Sie die innere Haltung des Erwachsenen, der sich liebevoll zuwendet, nicht aufgeben, dass Sie nicht wieder zu dem Kind werden, das Sie waren.

→ Sehen Sie auf sich selbst als Baby oder kleines Kind, und vermitteln Sie ihm, dass es, was immer auch geschehen ist, überleben wird, dass Sie der Erwachsene sind, zu dem es einmal werden wird, und dass Sie nun für es da sind. Auf diese Weise können Sie sich selbst die bedingungslose Liebe entgegenbringen, die Sie gebraucht hätten, und dies kann eine tiefe innere Heilung einleiten.

→ Es geht bei dieser Übung nicht darum, wieder in Ihr altes Leid einzutauchen. Wenn schmerzhafte Gefühle oder Gedanken hochkommen, versuchen Sie, zum Atem und zu Ihrer Körperwahrnehmung zurückzukommen, wie Sie es in der Achtsamkeitsmeditation geübt haben. Lassen Sie diese Gefühle und Gedanken durch Sie hindurchziehen, oder versuchen Sie, diese mit dem ausströmenden Atem loszulassen. Wenn es Ihnen jedoch zu viel wird, brechen Sie die Übung einfach ab und versuchen es vielleicht ein andermal erneut. Wenn der Schmerz sehr tief sitzt, können Sie sich auch an einen erfahrenen Therapeuten wenden.

→ Wenn es für Sie stimmig ist, verabschieden Sie sich von Ihrem Kind-Ich. Dann lassen Sie sich Zeit, wieder zu sich selbst und zu Ihrem Körper zurückzukommen, und kehren Sie langsam wieder in Ihren Alltag zurück.

Andere so annehmen, wie sie sind

Jeder Mensch kommt mit einem eigenen, ganz individuellen Gemisch von Wesenszügen auf die Welt, ähnlich seinen körperlichen und genetisch bedingten Anlagen. Die meisten Eltern machen spätestens beim zweiten Kind die Erfahrung, dass sie keine »unbeschriebenen Blätter« auf die Welt gebracht haben – obwohl sie das vorher vielleicht erwarteten. Gemeinhin werden diese Wesensmerkmale als Temperament bezeichnet, sie umfassen aber weit mehr als die Spanne zwischen dem aufbrausenden und dem stillen Typ. Um diese Wesenszüge erfassen und akzeptieren zu können, müssen wir unser Kind erst einmal kennenlernen. Dieser Prozess beginnt mit der Schwangerschaft und hört nie auf, denn jeder Mensch verändert sich im Laufe seines Lebens. Deshalb ist eine Wesensbeschreibung unseres Kindes (siehe Übung Seite 46 und 47) immer eine MOMENTAUFNAHME und keine Schublade, in die wir unser Kind stecken sollen. Letztlich geht es darum, von unserem Kind nichts zu erwarten, was seinem inneren Wesen zuwiderläuft. Denn damit werden weder wir glücklich (weil dieses Vorhaben misslingen und uns frustrieren wird) noch unser Kind, dessen Selbstwertgefühl wir untergraben. Erst wenn wir sowohl unsere eigenen Wesenszüge akzeptieren als auch die anderer Menschen, können wir die nötige Gelassenheit im Umgang miteinander finden und unser Kind in seiner individuellen Entwicklung nachhaltig unterstützen.

Herausforderung: bedingungsloses Annehmen

Akzeptieren heißt anerkennen, dass es so ist, wie es ist – auch wenn wir es gern anders hätten. Die Wirklichkeit so anzunehmen, wie sie ist, fällt uns bei unserem Kind manchmal leichter, wenn wir zunächst akzeptieren, dass jeder Mensch sein eigenes Wesen hat, das es zu würdigen gilt. Meist gelingt uns das eher, wenn wir ein ähnliches Temperament haben wie unser Kind. Angenommen, Sie und Ihr Kind sind beide recht impulsiv. Dann wird es zwar häufiger laut zugehen, aber Sie werden auch eher Verständnis für die Leidenschaftlichkeit und Spontaneität Ihres Kindes aufbringen – natürlich vorausgesetzt, Sie akzeptieren diese Eigenschaften auch bei sich selbst.

Viel schwieriger wird es, wenn wir vom Wesen und Temperament her ganz anders sind als unsere Tochter oder unser Sohn. Dann müssen wir eine Menge Toleranz und Mitgefühl aufbringen, um unser Kind vollkommen zu akzeptieren. Denn es fällt natürlich bedeutend schwerer, sich in einen Menschen einzufühlen, wenn er ganz anders »tickt« als man selbst. Manchmal täuscht uns dieser Eindruck aber auch, und in Wirklichkeit sind wir uns viel ähnlicher, als wir glauben (wollen) – unser Kind hält uns in Wahrheit einen Spiegel vor und konfrontiert uns mit unseren ungeliebten Eigenschaften. Wenn Sie sich unsicher sind, hilft es, auch andere Menschen, die Sie selbst und das Kind gut kennen, nach ihrer Einschätzung der typischen Wesenszüge zu fragen.

Alle Menschen wünschen sich, bedingungslos geliebt und angenommen zu werden, ob von den Eltern oder vom Partner. Doch nur selten erfüllt sich dieses Bedürfnis. Deshalb ist es so wichtig, dass Sie es nicht aus den Augen verlieren, sondern sich bemühen, Ihr Kind für das zu lieben, was es ist. Eltern können ihren Kindern ein großes Geschenk machen, wenn diese sich so, wie sie wirklich sind, zeigen und ihren eigenen Weg finden dürfen – und sich dabei der Unterstützung ihrer Eltern sicher sein können.

> Die Übung der **Achtsamkeit** ist **nichts** anderes als die **Übung** von liebevoller Zuneigung.
>
> [Thich Nhat Hanh | *vietnamesischer Mönch und Schriftsteller*]

Wie viel Erziehung
darf es sein?

Wir können uns von Anfang an um eine Erziehung bemühen, die dem einzigartigen Wesen unseres Kindes gerecht wird. Das heißt nicht, dass wir allem nachgeben, alles gutheißen und durchgehen lassen müssten, was unser Kind will. Vielmehr können wir erst die passenden Antworten finden, wenn wir seine Individualität erkennen und akzeptieren – sonst erfüllt Erziehung den Zweck des Manipulierens, und wir verwenden unsere Energie darauf, unser Kind unseren Vorstellungen anzupassen und es nach unseren Erwartungen zurechtzustutzen. Wie Maria Montessori es so schön ausdrückt, geht es darum, dem inneren BAUPLAN DER SEELE des Kindes zur Verwirklichung zu verhelfen, und nicht um Dressur. Von daher können wir uns darauf ausrichten, die Stärken unseres Kindes zu entdecken, auf diesen aufzubauen und es dabei zu unterstützen, mit seinen Schwächen besser klarzukommen.

Dem Kind gerecht werden

Es ist wichtig, dass wir unser Kind nicht nach seinen Mängeln und Defiziten definieren, sondern nach seinen Stärken und Kompetenzen. Schließlich wird auch später niemand danach fragen, wo seine Schwächen liegen, sondern was es kann. Das Auffinden der Kompetenzen ist nicht immer naheliegend – angenommen, das Kind eines Akademikerpaares interessiert sich ausgerechnet für das Bearbeiten von Holz und hat in der Schule große Mühe, die Noten für die Versetzung in die nächste Klasse zu erreichen. Dann werden sich seine Eltern vermutlich schwertun, die KOMPETENZEN ihres Kindes auch wirklich anzuerkennen und zu fördern. Doch es gibt auch positive Beispiele:

Weisheitsgeschichte

Der große persische Dichter Rumi hatte einen außergewöhnlichen Lehrer namens Schams. Schon als Kind schien dieser anders zu sein. Seine eigenen Eltern waren sich uneins, ob sie ihn ins Kloster oder ins Land der Narren schicken sollten. Sie wussten nicht, was sie mit ihm machen sollten.

Als Schams erwachsen war, erzählte er ihnen die Geschichte von der Ente, die als Ei von einer Henne gefunden wurde. Die Henne brütete das Ei aus und zog das Entlein zusammen mit den anderen Küken auf. Eines Tages gingen sie alle zum See. Die Ente spazierte geradewegs ins Wasser, schwamm und tauchte, während die Henne ängstlich am Ufer zurückblieb. Schams sagte zu seinen Eltern: »Nun, Vater und Mutter, habe ich meinen Platz gefunden. Ich habe gelernt, im Meer zu schwimmen, auch wenn ihr an der Küste bleiben müsst.«

In einem Elternseminar erzählte ein Vater, als es darum ging, warum die Teilnehmer gekommen seien, dass er lernen wolle, sich besser in seinen Sohn **EINZUFÜHLEN**, um ihn so auf dessen Weg ins Leben begleiten zu können. Sein eigener Vater sei Sportlehrer gewesen und hätte sich immer gewünscht, dass auch er sportlich erfolgreich sei. Leider sei Sport aber so gar nicht seine Sache gewesen. Er habe sein Bestes gegeben, um bei seinem Vater Anerkennung zu finden – aber für beide sei es letztlich die Hölle gewesen. Er habe furchtbar darunter gelitten, dass er seinen Vater nie zufriedenstellen konnte. Außerdem erinnerte er sich mit Schrecken daran, wie vollkommen frustriert sein Vater gewesen sei, dass ausgerechnet sein Sohn sportlich eine solche Niete war und trotz seiner besonderen »Förderung« nicht besser wurde. Eine ähnliche Erfahrung wollte er nun mithilfe des Seminars seinem eigenen Sohn und sich selbst ersparen.

Manchmal erliegen Eltern auch der Versuchung, ihre Kinder genau gleich behandeln zu wollen, um nur ja gerecht zu sein und sich nicht angreifbar zu machen. Wenn wir das eine Geschwisterkind jedoch genauso behandeln wie das andere, berücksichtigen wir die jeweiligen Eigenarten der Kinder nicht und können ihnen so auch nicht gerecht werden. Vielmehr gilt es, unsere ERWARTUNGEN an jedes Kind immer wieder neu zu ÜBERPRÜFEN: Sind die gesteckten Ziele, etwa was seine schulische Laufbahn anbelangt, auch wirklich realistisch? Nur weil unsere Erstgeborene aufs Gymnasium um die Ecke geht, heißt das noch lange nicht, dass auch der Jüngere dorthin gehört – so bequem es vielleicht auch wäre, beide auf derselben Schule zu haben. Berücksichtigen wir bei unseren Überlegungen wirklich die Stärken des Kindes und bauen wir auf ihnen auf? Oder stecken dahinter womöglich unsere eigenen Träume und Erwartungen?

Regeln und Grenzen: Wie viele sind nötig?

Grenzen sind ein wesentlicher Bestandteil des Lebens. Wir selbst sind begrenzt: Wir können zum Beispiel nicht fliegen, nicht so gut hören oder riechen wie Hunde, nicht lange ohne Schlaf auskommen – und trotzdem strahlend durchs Leben gehen. Gleichzeitig ist es eine besondere Eigenart des Menschen, ständig über sich selbst und seine Begrenztheit hinauswachsen zu wollen. Wir wollen unseren HORIZONT, unsere Möglichkeiten ERWEITERN, wir stellen alte Begrenzungen infrage und machen uns auf zu neuen Ufern. Und kleine Kinder haben diesen Drang, über sich hinauszuwachsen, in besonderem Maße. Warum sollten sie sich sonst die Mühe machen, laufen zu lernen? Wäre es nicht viel bequemer, liegen zu bleiben und sich versorgen zu lassen? Wir brauchen Kinder weder zu motivieren noch anzutreiben, damit sie forschen, lernen und ihren Horizont und ihre

Möglichkeiten ständig erweitern. Von daher liegt es auf der Hand, dass sie auch Grenzen, die wir ihnen setzen, immer wieder infrage stellen. Und dies müssen sie auch, wenn sie sich entwickeln wollen – vor allem dann, wenn unsere Grenzen zu starr sind oder letztlich dem Zweck dienen, unsere Kinder zu kontrollieren.

Forschungsdrang positiv betrachten

Auf Seite 62 haben Sie bereits von dem Jungen erfahren, der seinen Forschungsdrang nicht aufgeben und immer wieder in der Toilette mit Wasser spielen wollte. Die auf den ersten Blick sinnvolle Grenze hielt ihn aber davon ab, sein Bedürfnis zu befriedigen, und so hat er sie erst dann respektiert, als sich ihm eine Alternative bot. Ein Kind mit einem weniger ausgeprägten FORSCHERGEIST hätte vielleicht aufgegeben. Das scheint auf den ersten Blick das Leben leichter zu machen, hat allerdings einen hohen Preis, denn wir tun einem Kind nichts Gutes, wenn wir ihm diesen Forscherdrang abgewöhnen.

Weisheitsgeschichte

Ein Junge ging mit seinem Großvater zu einem Wanderzirkus, und beide sahen sich die Tiere an. Schließlich kamen sie zu dem riesigen Tanzbär, der mit einem Seil um den Hals am Boden angepflockt war.

Der Junge betrachtete ihn nachdenklich und fragte seinen Großvater schließlich: »Sag mal Opa, warum reißt der Bär sich denn nicht einfach los? Dieser kleine Pflock könnte ihn doch sicher nicht halten, und er sieht nicht gerade glücklich aus.« »Weißt du«, antwortete der Großvater, »der Bär kam zu diesem Zirkus, als er noch sehr klein war. Ich habe ihn schon damals besucht, und du kannst mir glauben, er hat alles versucht, sich von dem Pflock loszureißen. Aber er war zu jener Zeit noch nicht stark genug, und so gab er auf und hat es nie wieder probiert.«

Grenzen wachsen lassen

Auch wenn es manchmal unbequem ist: Wer möchte schon Kinder, die immer brav und gehorsam sind und ihre Begrenzungen nie infrage stellen? Ist es nicht vielmehr unser EIGENTLICHER WUNSCH, dass sie selbstständig denken, eigenständig entscheiden und verantwortungsvoll handeln? Dies können sie aber nur lernen, wenn wir es ihnen von Anfang an zugestehen. Von daher sind sinnvolle Grenzen kein Bollwerk, das Kinder in ihre Schranken verweist, sondern sie dienen vor allem dazu, eine sichere Umgebung zu gewährleisten, und müssen deshalb auch flexibel sein. Einem Säugling mag zum Beispiel der Laufstall ein Gefühl von Geborgenheit und Sicherheit vermitteln. Spätestens wenn das Kind aber so weit ist, dass es sich fortbewegen kann, wird diese Grenze zur Freiheitsberaubung.

Die Grenzen müssen also mit den Möglichkeiten des Kindes wachsen, sodass ein Kind innerhalb der gesetzten Grenzen seine Bedürfnisse befriedigen kann. Nehmen wir noch mal den Jungen, der in der Toilette spielen wollte. Mit Wasser spielen zu können ist für ein Kind in diesem Alter ein echtes Bedürfnis. Von daher war es nicht damit getan, ihm in dieser Hinsicht eine Grenze zu setzen. Indem die Mutter ihm die Möglichkeit gab, dieses Bedürfnis in einem für sie akzeptablen Rahmen zu erfüllen, war auch das Spielen an der Toilette kein Thema mehr. Auch für Grenzen gibt es in diesem Sinn keine Patentrezepte.

Achtsam Grenzen setzen

Wichtig ist, dass wir einerseits klar und andererseits auch flexibel sind. Es ist durchaus nicht schädlich, dass es mal einen Keks oder ein Eis vor dem Essen gibt und mal nicht. Auch dass wir mal müde sind oder schlechte Laune haben und nicht mit unserem Kind spielen wollen, ist vollkommen in Ordnung (siehe Seite 100). Es geht nicht darum, perfekt zu sein, sondern es geht um Menschlichkeit und Authentizität. So ist es auch durchaus natürlich, dass die Grenzen des einen Elternteils enger gesetzt sind als die des anderen, wenn es keine extremen Formen annimmt. Auch in Bezug auf Grenzen passt das Bild des Surfens: Um auf den Wellen des Lebens surfen zu lernen, helfen uns keine starren Haltungen, sondern Gegenwärtigkeit und Flexibilität.

Hilfe beim Grenzenziehen

Folgende Anregungen können uns als Orientierung beim Setzen von Grenzen dienen:

- »So wenig wie möglich, so viel wie nötig«. Das heißt, am besten setzen wir nur so viele Grenzen, wie unbedingt nötig sind, um eine sichere und zum Forschen und Entdecken einladende, vorbereitete Umgebung zu gewährleisten.
- Jedes Mal, bevor wir »Nein« sagen oder etwas verbieten wollen, können wir fragen: »Warum eigentlich nicht?« Wir wollen als Menschen nicht nur mit anderen verbunden sein, sondern auch ein möglichst selbstbestimmtes Leben führen. Niemand möchte ständig nach den Gesetzen eines anderen leben und sich diesen beugen müssen. Wenn wir zu oft »Nein« sagen, ist das geradezu eine Aufforderung, diese enge Begrenzung infrage zu stellen und gegen sie anzugehen. Wenn ein Kind jedoch die Erfahrung macht, dass wir ihm sein eigenes Leben so weit wie möglich zugestehen, wird es auch sehr viel eher bereit sein, nachzugeben oder einen KOMPROMISS zu schließen.
- Je weniger Regeln wir aufstellen, umso bereitwilliger werden sie eingehalten und nicht so schnell vergessen. Kinder unter drei Jahren können Regeln eh kaum einhalten. Sie sind noch nicht reif für eine solche Abstraktion und müssen eine Grenze immer wieder physisch erfahren. So reicht es beispielsweise nicht, wenn wir einem zweijährigen Kind verbieten, die Besteckschublade auszuräumen. Wenn es in die Phase kommt, wo genau dies interessant wird, ist es viel sinnvoller, eine Kindersicherung anzubringen – und eine für das Kind zugängliche Schublade einzurichten, wo es mit geeigneten Dingen hantieren kann.

- Wenn wir »Nein« sagen, ist es wichtig, dem Kind zu gestatten, sein Missfallen über diese Grenze deutlich zu machen. Es darf fühlen, was es fühlt, nur die Art, wie es diese Gefühle ausdrückt, sollte angemessen sein, das heißt vor allem, dass es weder sich noch andere verletzt. Toben und Wüten gehören bei Kindern zur natürlichen Entwicklung. In der Evolution des Menschen waren die Überlebenschancen höher, wenn ein Kind seine Bedürfnisse deutlich artikulierte. Wenn so etwas geschieht, ist es ähnlich wie bei einem Gewitter – einfach ruhig abwarten, bis es vorbei ist, und dann OHNE VORHALTUNGEN und Predigten wieder Kontakt zum Kind herstellen.
- Was für die Gefühle von Kindern gilt, gilt auch für ihre Wünsche. Diese dürfen ruhig unrealistisch und unvernünftig sein. Was Kinder gar nicht gebrauchen können, sind Erklärungen, warum ihre Wünsche irrational sind, denn Vernunft entsteht erst sehr viel später. Aus diesem Grund können sie unsere wohlmeinenden Erläuterungen auch nicht verstehen, sondern interpretieren sie dann in dem Sinne, dass das Wünschen selbst nicht in Ordnung ist. Besser wäre: »Du hättest gerne 100 Millionen Kekse? Hm, das ist eine ganze Menge – mal schauen, was wir machen können.« Es geht letztlich nicht um das, was sich das Kind wünscht, sondern dass es sich mit seinem Wunsch angenommen fühlt. Das ist sehr viel wichtiger, als dass der Wunsch als solcher erfüllt wird. Für den weiteren Verlauf gibt es wieder viele Möglichkeiten, die von der jeweiligen Situation abhängen.

In Elternseminaren zeigt sich immer wieder, dass sich harmonische Lösungen sehr viel leichter finden lassen, wenn ein Kind nicht das Gefühl hat, um seine SOUVERÄNITÄT kämpfen zu müssen, sondern sich rundum akzeptiert weiß. Besonders beim Thema Grenzensetzen ist Achtsamkeit gefragt. Gerade hier ist es wichtig, die Beziehung an die erste Stelle zu setzen und nicht ein schnelles Ergebnis anzustreben. Natürlich könnten wir Kinder auch durch Strafe oder Belohnung zu etwas bewegen, aber das würde ihre Seele verletzen.

Grenzen sind kein Allheilmittel

Wenn man sich die Literatur über Grenzen etwas näher ansieht, kann schon der Verdacht entstehen, dass hier durch die Hintertür der Ruf nach Gehorsam wieder laut wird. Es klingt fast so, als würden überall Kinder Amok laufen, weil sie nie Grenzen erfahren haben. Allgemein gesehen scheint es jedoch deutlich häufiger an Einfühlungsvermögen und Verständnis zu fehlen als an Grenzen. Wenn wir uns im Park oder Supermarkt umschauen, sehen wir häufig Eltern, die durch Herumzerren, Drohungen oder Bestechung versuchen, ihre Kinder dazu zu bringen, das zu tun, was die Eltern wollen. Auch diejenigen Eltern, die tatsächlich alles erlauben und zu fast allem Ja sagen, auch dann, wenn dies nicht sinnvoll ist, handeln NICHT AUS EMPATHIE mit ihrem Kind. Meist steckt Unsicherheit dahinter oder der Wunsch, nicht autoritär zu sein, vielfach aber auch Desinteresse und Bequemlichkeit. In jedem Fall sind Kinder solcher Eltern tatsächlich überfordert. Denn sie haben kein wirkliches Gegenüber, an dem sie sich orientieren können, und sie erfahren auch kein echtes Verständnis. Meist ist ein solches »Ja« auch kein richtiges, sondern ein mehr oder weniger gequältes oder gleichgültiges »Meinetwegen«.

Voraussetzungen für soziales Verhalten schaffen

Der Mensch ist von Geburt an sozial veranlagt. Es ist ein menschliches Bedürfnis, mit anderen verbunden zu sein. Kinder müssen also nicht zu sozialem Verhalten erzogen werden, die Frage ist vielmehr, welche Bedingungen notwendig sind, damit sich dieses VERHALTEN ENTWICKELN kann. Und hier ist die aktuelle Forschung sehr eindeutig: Empathie und Mitgefühl, also Menschlichkeit, entwickeln sich ganz natürlich, wenn Kinder diese erfahren. Sie kann nicht gelehrt, nicht gepredigt und nicht mittels Belohnungen oder Strafen vermittelt werden. Nur wenn Kindern Einfühlung und Menschlichkeit entgegengebracht werden, bekommen diese Qualitäten in ihnen Nahrung und entwickeln sich ganz von selbst. Kinder brauchen also ein häusliches Umfeld, in dem sie sich sicher und angenommen fühlen. Wenn sich Kinder solchermaßen mit ihren Eltern verbunden wissen, ist auch die Wahrscheinlichkeit sehr viel größer, dass sie mit ihnen kooperieren. Das ist letztlich leicht nachvollziehbar. Stellen Sie sich vor, jemand bittet Sie um einen Gefallen. Wenn Sie sich mit dieser Person verbunden fühlen, werden Sie vermutlich nicht lange überlegen, bevor Sie »Ja« sagen. Wenn Sie jedoch das Gefühl haben, dass es sich nicht um eine Bitte, sondern um eine verkappte Forderung handelt, und dass man es Sie spüren lassen wird, wenn Sie dieser nicht nachkommen, werden Sie schon sehr viel weniger bereit sein, darauf einzugehen.

Echte Einsicht fördern

Auch Belohnungen oder Bestrafungen (heute nennt man das lieber Konsequenzen – das klingt irgendwie besser, ist aber letztlich meist das Gleiche) sind nicht dazu angetan, soziale Kompetenz zu fördern. Letztlich geht es wieder um die Frage, was unseren langfristigen Zielen am besten dient. Wollen wir, dass Kinder wirklich zu einer Einsicht finden, oder reicht es uns, dass sie aus Angst vor den Konsequenzen von einer Handlung ablassen? Schließlich haben wir keine Garantie, dass sie es nicht doch wieder versuchen, sobald die Gefahr, erwischt zu werden, nicht sehr groß ist. Strafen stärken also in keiner Weise echte SELBSTVERANTWORTUNG. Nehmen wir an, ein Junge schlägt seinen Bruder und die Mutter sagt: »So, jetzt geh erst mal auf dein Zimmer und denk darüber nach, was du getan hast. Und dann erwarte ich, dass du dich entschuldigst.« Stellen wir uns nun vor, wie dieser Junge in seinem Zimmer sitzt. Was wird ihm durch den Kopf gehen? Ziemlich sicher nicht etwas wie: »Das war wirklich nicht in Ordnung von mir. Ich gehe besser gleich hinunter und entschuldige mich.« Wahrscheinlicher ist, dass er etwas denkt wie: »Doofe Mama! Sie versteht mich sowieso nicht. Immer bekommt dieser kleine

Blödmann recht und ich bin schuld. Warte nur, wenn Mama nicht hinschaut!« Was auch immer ihm durch den Kopf geht – es wird nichts auch nur annähernd Sinnvolles sein. Und selbst wenn er sich beugt und äußerlich entschuldigt, wird er mit Sicherheit keine echte Reue empfinden. Weder der Beziehung zu seinem Bruder noch der zu seiner Mutter ist mit einer solchen Konsequenz gedient. Wenn Sie sich mit diesem Thema eingehender befassen möchten, finden Sie in den (leider bisher überwiegend englischsprachigen) Büchern des amerikanischen Pädagogen Alfie Kohn eine Fülle wertvoller Beispiele.

Die Kompetenzen des Kindes fördern

Letztlich geht es um einen Prozess, der von der Erziehung zur Beziehung geht – von der Orientierung am Verhalten zur Orientierung am Bedürfnis. Wenn wir vor allem das Verhalten eines Kindes ändern wollen, greifen wir leicht zu Dressurmethoden – zu Belohnungen, Strafen, Konsequenzen und so weiter. All dies hat vielleicht begrenzten Erfolg, ist aber meist mit nicht unerheblichen Nebenwirkungen verbunden. Und keine dieser Methoden bringt uns unseren langfristigen Zielen näher, nämlich dass unsere Kinder zu selbstständig denkenden, verantwortungsbewussten, sozial und emotional kompetenten, glücklichen Menschen heranreifen. Zu Menschen, die kreativ auf die Herausforderungen des Lebens antworten, statt mit Resignation oder Aggression zu reagieren. Diesen Zielen kommen wir nur näher, wenn wir uns in unsere Kinder EINFÜHLEN, wenn sie ihre Entwicklungsbedürfnisse befriedigen können – wenn wir mit ihnen in Beziehung sind, statt etwas mit ihnen zu machen.

Grenzen anders setzen

Insofern ist die Art und Weise, wie wir eine Grenze setzen, mindestens genauso wichtig wie die Frage, welche Grenzen wir setzen. Es geht weder darum, eine Drohkulisse aufzubauen, noch um lieblich gesäuselte Bitten. Wie gesagt: Kinder möchten mit ihren Eltern verbunden sein. Es ist ihnen kein Bedürfnis, ihre Eltern in den Wahnsinn zu treiben. Zu heftigen Zornausbrüchen kommt es meist dann, wenn sie sich in ihrer Souveränität und Autonomie eingeschränkt fühlen. Oder wenn sie sich einfach schwer damit tun, zu akzeptieren, dass die Welt nicht so läuft, wie sie sich das vorstellen. »Selber« ist ein Wort, das wir in einer solchen Phase häufig hören können. Denn für die menschliche Entwicklung ist das Gefühl, Einfluss auf das eigene Leben zu haben, sehr wichtig. Und dieses Bedürfnis zeigt sich meist besonders stark ab dem zweiten Lebensjahr.

Wenn sich das Bedürfnis nach Selbstwirksamkeit zu äußern beginnt, sprechen viele Erwachsene von der TROTZPHASE. Genau besehen werden in dieser Zeit die Kinder selbstständig und die Eltern trotzig. Letztere erwarten Folgsamkeit, statt das Bedürfnis der Kinder nach Souveränität anzuerkennen und es ihnen entsprechend ihrer Reife zu ermöglichen, selbst über ihr Leben und ihre Aktivitäten zu entscheiden.

Es geht also weder um »Laissez faire« noch darum, die gute alte Disziplin heraufzubeschwören. Denn es ist für die Entwicklung des Kindes weder sinnvoll, wenn wir ihm Entscheidungen überlassen, für die es noch nicht reif ist, noch wenn wir bedingungslosen Gehorsam erwarten. Es geht vielmehr um Ausgewogenheit, um BEZIEHUNG.

Natürlich ist manchmal die Entscheidung von Eltern nötig. Wichtig ist, dass wir dann nicht unsere Macht ausspielen, sondern unser Kind so weit wie möglich miteinbeziehen. Auf diese Weise können Kinder von klein auf die Erfahrung machen, dass sie respektiert werden.

Interpretationen wahrnehmen

Wie wir auf ein Kind oder eine Situation reagieren, hängt in erster Linie davon ab, wie wir diese interpretieren. Und unsere Deutung wiederum ist abhängig von unserer Stimmung (siehe Seite 91). Stellen Sie sich vor, Sie haben eine Handcreme offen auf dem Tisch liegen lassen und Ihr knapp zweijähriges Kind hat entdeckt, welch faszinierende sinnliche Erfahrungen man mit dieser Creme machen kann. Erst als es schon alles mit der Creme verschmiert hat, bemerken Sie, was geschehen ist. Sind Sie einigermaßen im Gleichgewicht und guter Stimmung, werden Sie vielleicht kurz innehalten und eine Atempause (Seite 76) einlegen. So sind Sie in der Lage, zu erkennen, dass Ihr Kind nicht ungehorsam ist oder Sie ärgern möchte, sondern dass es das tut, was Kinder in diesem Alter eben tun. Wenn Sie einen besonders guten Tag erwischt haben, können Sie vielleicht sogar die Freude Ihres Kindes wahrnehmen, die es empfindet, wenn es tief in eine befriedigende Aktivität versunken ist. Was Sie dann sagen, ist nicht so entscheidend und kann sehr unterschiedlich ausfallen. Entscheidend ist vielmehr, dass Sie mit Ihrem Kind, sich selbst und Ihrem HERZEN VERBUNDEN sind. So können Sie auf diese Situation antworten, statt automatisch zu reagieren.

Stellen Sie sich nun eine ähnliche Situation an einem Tag vor, an dem Sie eindeutig zu wenig geschlafen haben, in Eile und mit dem falschen Fuß aufgestanden sind. In diesem Zustand sehen Sie kein spielendes Kind mehr, sondern eher ein Objekt, ein unliebsames Hindernis in Ihrem Tagesplan. Es ist die gleiche Situation, aber Ihre Interpretation und vermutlich auch die Art und Weise, wie Sie auf diese Situation reagieren werden, sind sehr unterschiedlich.

Intentionen formulieren

Entscheidend ist, dass wir im täglichen Kleinkram das große Ganze nicht aus dem Blick verlieren. Dabei kann es helfen, wenn wir unsere Intentionen formulieren. Das sind unsere Grundhaltungen, die das ausdrücken, was uns wirklich wichtig ist im Zusammenleben mit unserem Kind. Im folgenden Kasten finden Sie beispielhaft zehn solcher zentralen Grundhaltungen, die Ihnen als Anregungen für eigene dienen können. Vielleicht sind für Sie ja andere Überlegungen wichtig.

Wenn Sie selbst Ihre Intentionen formulieren, achten Sie vor allem darauf, dass es nicht zu viele werden, sonst haben Sie sie nicht parat, wenn Sie sie brauchen. Überprüfen Sie von Zeit zu Zeit, ob sie auch noch aktuell sind. Vielleicht können Sie Ihre Liste eine Zeit lang gut sichtbar aufhängen, um sie besser zu verinnerlichen. Ideal wäre es, wenn beide Eltern gemeinsam Intentionen formulieren.

ÜBUNG

Intentionen formulieren

→ Nehmen Sie Ihr Notizbuch zur Hand, und dann stimmen Sie sich auf Ihr Kind ein und auf das, was Ihnen für Ihr Verhältnis zu ihm wichtig ist. Zum Beispiel:

- Die Beziehung zu meinem Kind hat Vorrang vor allem anderen.
- Ich knüpfe meine Zuwendung und Liebe nicht an Bedingungen.
- Ich nehme so oft wie möglich die Perspektive meines Kindes ein und sehe die Welt aus seiner Sicht – damit es sich angenommen fühlt.
- Ich möchte das einzigartige Wesen meines Kindes würdigen und seine ganz speziellen Bedürfnisse erkennen.
- Ich fördere die Stärken und Kompetenzen meines Kindes, statt auf seinen Schwächen herumzureiten.
- Ich möchte mir darüber bewusst sein, dass mein Kind, wie jeder Mensch, das grundlegende Gutsein in sich trägt und sein Bestes gibt.
- Ich möchte weniger reden, dafür (auch mir selbst) mehr zuhören und fragen.
- Ich erwäge ein Ja (warum nicht), statt ständig »Nein« zu sagen.
- Ich bemühe mich um mehr Flexibilität, statt rigide Grenzen zu setzen.
- Ich verzichte auf die Anwendung von Gewalt und auf Machtmissbrauch.
- Ich …

Schwierige Entscheidungen treffen

Unsere Intentionen helfen uns auch, wenn wir schwierige oder weitreichende Entscheidungen treffen müssen, die unser Kind betreffen. Manchmal entscheiden wir etwas, das im Widerspruch zu dem steht, was unser Kind will oder was dessen gleichaltrige Freunde dürfen. Es kann trotzdem im Sinne unseres Kindes sein, etwa wenn wir es von schädlichen Einflüssen durch Medien fernhalten, indem wir ihm einen Film oder ein Computerspiel verbieten, weil wir es für sein Alter oder aufgrund des Inhalts ungeeignet finden.

Auch wenn unser Kind wütend reagiert, spürt es doch, dass wir uns kümmern und NICHT WILLKÜRLICH handeln – sofern wir ihm gegenüber unsere Entscheidung auch begründen. Das können wir uns von Anfang an angewöhnen. Auch wenn unser Kleinkind die Worte noch nicht verstehen kann, so spürt es doch, dass wir uns auseinandersetzen und nicht nach Lust und Laune entscheiden.

Wo immer es möglich ist, sollten wir unser Kind natürlich in Entscheidungen einbeziehen, die es betreffen. Auch kleine Kinder können schon Entscheidungen selbst treffen, wenn sie nicht durch ein zu großes Angebot überfordert werden. Wir können ihnen zum Beispiel eine Auswahl anbieten: »Möchtest du den blauen oder den roten Pullover anziehen?« Auf diese Weise hat es weder das Gefühl, dass ständig über seinen Kopf hinweg entschieden wird, noch fühlt es sich überfordert. Folgendes Beispiel zeigt, dass es auch in Konfliktsituationen sinnvoll ist, Kinder in das Suchen von Lösungen mit EINZUBEZIEHEN. Der amerikanische Pädagoge Alfie Kohn schilderte in einem Vortrag einen Konflikt aus seinem Familienleben, als seine Tochter fünf Jahre alt war. Sie ging sehr gern in den Kindergarten, trotzdem wurde sie morgens einfach nicht rechtzeitig fertig. Die Eltern hatten ihr Bestes getan: Sie weckten sie rechtzeitig, erinnerten sie immer wieder, wenn sie die Zeit vergaß – aber irgendwie wurde es fast immer knapp, sodass die Eltern begannen zu drängeln. Eines Tages, Alfie Kohn hatte seine

Tochter gerade wieder zur Eile ermahnt, sagte seine Frau zu ihm: »Sag mal, was würde eigentlich Alfie Kohn dazu sagen, wie wir uns hier jeden Morgen aufführen?« Beide mussten lachen und beschlossen, das Problem auf andere Weise anzugehen. Nach dem Abendessen, die Familie saß entspannt beisammen, sprachen sie ihre Tochter auf ihr Problem an. Zunächst einmal sagten sie ihr, dass sie mit ihr gemeinsam gerne einen Weg finden würden, dass es am Morgen nicht immer so stressig zugeht. Dann fragten sie ihre Tochter, ob sie mal vorspielen wolle, wie sich ihre Eltern morgens so benähmen, wenn die Zeit knapp wird. Wie die meisten Kinder ging sie auf dieses Angebot mit Begeisterung ein. – Es braucht schon einen gesunden Humor, in diesen Spiegel zu schauen, denn unsere Kinder spielen uns beunruhigend gut, wenn wir sie dazu einladen. Aber es lohnt sich, denn es vermittelt den Kindern, dass seine Eltern bereit sind, sich selbst infrage zu stellen, und mit ihm gemeinsam eine Lösung finden wollen.

Die Suche nach einer Lösung war eine Art **BRAINSTORMING** und zog sich eine Weile hin, bis die Tochter nachdenklich meinte, dass es das Anziehen sei, das morgens am längsten dauern und sie am meisten nerven würde. Sie schlug vor, das schon am Abend vorher zu machen und einfach in ihrer Kleidung zu schlafen. Die Eltern sahen sich an und sie fragten sich: »Warum eigentlich nicht? Es ist zwar ungewöhnlich, aber es tut niemandem weh.« – Und so geschah es. Ab diesem Tag waren die Morgen entspannt, das Problem war gelöst.

Entscheidend ist hier nicht die Lösung selbst – es geht nicht darum, dass das Schlafen in Kleidern das neue Patentrezept für trödelnde Kinder ist. Vielleicht hätte eine andere Familie, die mehr Wert auf ein gepflegtes Äußeres legt, eine andere Lösung gefunden. Worum es geht, ist die innere Haltung der Eltern. Sie haben nicht mit Konsequenzen gedroht, sondern das Kind miteinbezogen, das eine kreative Lösung fand. Und sie haben schließlich genug Flexibilität und Offenheit gezeigt, den ungewöhnlichen Vorschlag ihrer Tochter zu akzeptieren.

Mit dem Kind in Verbindung bleiben

Manchmal müssen wir für unser Kind Entscheidungen treffen, mit denen wir schon früh wichtige Weichen für seinen Lebensweg stellen. Beispielsweise ob das Kind die Kinderkrippe besuchen soll, welche weiterführende Schule die richtige ist oder wo es nach der Trennung der Eltern leben soll. Bis zu einem bestimmten Alter können wir unser Kind noch nicht oder nur teilweise in die Entscheidung einbeziehen. Trotz allen Ringens wissen wir am Ende doch nicht mit Sicherheit, ob unsere Entscheidung die richtige war. Dabei kann es uns sehr helfen, wenn wir diesen Prozess in einem BRIEF an unser Kind festhalten. Dadurch sind wir zum einen mit unserem Kind verbunden, wir reflektieren das Thema im indirekten Austausch mit ihm. Zum anderen können wir den Brief später an unser Kind weitergeben, und es kann dann nachvollziehen, was uns zu der Entscheidung veranlasst hat. Dieser Prozess vertieft nicht nur die momentane Beziehung zu unserem Kind, sondern schafft auch eine wichtige Gesprächs- und Vertrauensbasis für das spätere Verhältnis. Solche Briefe eignen sich auch gut, um Ängste und Sorgen zu formulieren oder um unserem Kind mitzuteilen, was wir ihm wünschen. Statt Briefen können wir auch ein Buch schreiben, in dem wir unser Kind ansprechen und die tiefe Verbundenheit zwischen uns und unserem Kind festigen.

> Das Herz gleicht einem Garten.
> Es kann Mitgefühl oder Angst,
> Groll oder Liebe wachsen lassen.
> Was für Keimlinge willst du
> darin anpflanzen?
>
> [Jack Kornfield | *amerikanischer Meditationslehrer*]

Das Leben so annehmen, wie es ist

Akzeptanz ist auch dann wichtig, wenn es darum geht, Situationen und Gegebenheiten so anzunehmen, wie sie sind. Es löst Stress aus, gegen die Realität anzukämpfen. Das ist so, als ob wir gegen die Wellen ankämpfen, statt auf ihnen zu surfen und dadurch mit voller Energie unseren Kurs zu nehmen. Akzeptanz hat nichts mit Schicksalsergebenheit zu tun, vielmehr damit, dass wir unsere Energie nicht dort einsetzen, wo sie sinnlos vergeudet wird, sondern sie dann verwenden, wenn wir etwas bewirken können.

Gelingt es uns, Sinnvolles zu tun und Sinnloses zu lassen, können wir erkennen, worauf wir Einfluss nehmen können und worauf nicht. So versuchen wir nicht, Dinge oder Menschen zu ändern, sondern wir ändern unsere HALTUNG zu ihnen. Auf die Art können wir vieles mit größerer Gelassenheit nehmen. Wir sehen ein: Ich habe alles getan, was ich in dieser Hinsicht tun konnte, es ist sinnlos, mich deshalb weiter aufzuregen. Diese wertvolle Haltung können wir nicht nur im Leben mit unseren Kindern gut gebrauchen.

Durch Achtsamkeit zu mehr Gelassenheit

Natürlich genügt es nicht, uns vorzunehmen, von nun an gelassen zu sein und eine annehmende Haltung zu zeigen. Aber wir können diese buddhistische Einstellung LERNEN und KULTIVIEREN. Denn auch hier gilt: Der Weg ist das Ziel! Und schon jeder Versuch, Gelassenheit zu entwickeln, lässt uns ruhiger werden. Ein wesentliches Mittel für mehr Gelassenheit in der Erziehung ist wiederum die Praxis der Achtsamkeit. Wir können uns darin üben, erst durchzuatmen, geduldig zu sein, flüchtige Momente nicht festzuhalten und Dinge nicht um jeden Preis voranzutreiben. Festgefahrene Meinungen und Verhaltensweisen können wir aufgeben, wenn wir erkennen, dass sie nicht richtig sind und uns nicht weiterbringen.

Fehlende Gelassenheit bedeutet immer, dass wir aus dem Gleichgewicht geraten sind. Die Achtsamkeitsübungen, die wir Ihnen in den vorangegangenen Kapiteln vorgestellt haben, können Ihnen dabei helfen herauszufinden, warum. Ergänzend möchten wir Ihnen noch eine neue Übung zeigen, mit der Sie Ihre Achtsamkeit kultivieren können. Wenn wir lernen, vollkommen präsent zu sein, jede Wahrnehmung als das zu nehmen, was sie ist, und uns auf sie einzulassen, wird unse-

ÜBUNG

Vorschläge für Atempausen

Nehmen Sie sich für die kommende Woche Folgendes vor:

→ Wenden Sie sich vor dem Zubettgehen zwei Minuten lang Ihrem Atem zu.

→ Wenden Sie sich jede Stunde eine Minute lang Ihrem Atem zu.

→ Legen Sie hin und wieder eine Hand auf Ihren Bauch und überlassen Sie sich dem Spüren der Atembewegung.

→ Wählen Sie eine Routinetätigkeit, der Sie besondere Aufmerksamkeit schenken wollen. Eine genügt! Möglichkeiten sind: kochen, putzen, Fahrrad fahren, Zähne putzen, eine Mahlzeit, eine bestimmte Treppe immer achtsam hinaufgehen ...

→ Was fällt Ihnen auf? Wie gehen Sie mit sich um? Erinnern Sie sich daran, dass es nicht darum geht, etwas zu leisten, zu erreichen oder zu ändern. Versuchen Sie, Ihrer Erfahrung mit freundlichem Interesse zu begegnen und das Ganze als eine Entdeckungsreise zu sehen.

re Erfahrung als Eltern von jenen wunderbaren kleinen Momenten erfüllt sein, die alle Pflichten und Strapazen wettmachen. Und andererseits hilft uns die ACHTSAMKEITSPRAXIS dabei, nicht vorschnell, stimmungsabhängig oder zu impulsiv auf schwierige Situationen zu reagieren. Das geht eben nur, wenn wir sehr aufmerksam sind, gerade auch im Alltag. Durch diese besondere Achtsamkeit gelingt es uns besser, das Leben und seine Umstände mit einem hohen Maß an Akzeptanz und Gelassenheit anzunehmen. Wir können leichter loslassen, was ohnehin nicht zu ändern ist, und zudem besser mit unseren Sorgen und Ängsten als Eltern umgehen.

Keine Sorge: Alles geht vorbei

Buddha sagt: »Alles, was uns lieb ist, verursacht Schmerz.« Deshalb gehören Sorgen zum Elternsein dazu, denn wir lieben unsere Kinder und wollen sie um jeden Preis beschützen. Dieser Instinkt ist natürlich und für kleine Kinder sogar überlebensnotwendig. Wir sollten also gar nicht erst versuchen, unsere Sorgen loszuwerden, sondern sie als Teil unseres Elternseins AKZEPTIEREN: Sorgen stecken in uns, weil wir ein Leben mit Kindern gewählt haben.

Wenn wir die Sorge um unser Kind akzeptieren – weil wir darauf keinen Einfluss haben –, können wir uns daranmachen, das Beste aus besorgniserregenden, problematischen oder unangenehmen Situationen zu machen – denn darauf haben wir Einfluss.

Die meisten Elternsorgen und -ängste haben mit der Realität nichts oder nur sehr wenig zu tun. Doch wir steigern uns in unseren Gedanken manchmal in Ängste und Kümmernisse hinein, die dann in unserem Kopf zu wahren Ungeheuern werden. Welche Eltern kennen nicht die Horrorvorstellung, dass ihr Kind auf dem Heimweg Opfer eines Unfalls oder eines Kinderschänders werden könnte? Manchmal laufen Filme in unserem Kopf ab, die uns regelrecht in Panik versetzen können.

Wir liegen dann zum Beispiel nachts wach und warten verzweifelt auf unseren Teenager, der längst zu Hause sein müsste. Wenn wir keinen Weg finden, solche Filme anzuhalten und sie als unsere eigene Fantasie zu entlarven, leiden nicht nur wir selbst, sondern auch unsere Kinder, da wir unsere Ängste für reale Gefahren halten und sie wahrscheinlich auf sie übertragen. Dann erzählen wir ihnen, was alles passieren könnte, und sie bekommen es auch mit der Angst zu tun. Oder wir schränken ihren Bewegungsraum derart ein, um sie vor Gefahren zu beschützen, dass sie an ihrer Entfaltung gehindert werden und nicht genügend eigene Erfahrungen machen dürfen, wenn sie die Welt entdecken.

Unsere Gedanken entlarven

Wenn wir unsere Sorgen und Ängste aufmerksam wahrnehmen und betrachten, so wird uns auffallen, dass sie nur Fantasien sind, die in unserem Kopf ablaufen. Wenn wir sie nicht stoppen, steigern wir uns in sie hinein. Mithilfe der Achtsamkeitsübungen in diesem Buch können Sie lernen, Ihre Gedanken und Gefühle achtsam wahrzunehmen, sie vorüberziehen zu lassen oder sie anzuhalten. Nach und nach verliert dann unser innerer Angsthase seine Macht über uns. Die ängstlichen Stimmen werden zu einer Art Hintergrundmusik, die uns vielleicht noch immer begleitet, aber sie bestimmt nicht mehr unser Leben und Handeln. Wir hören auf, an unseren Vorstellungen und Ängsten festzuhalten und uns gegen das Leben zu wehren, wie es sich

> Nichts kann den **Menschen**
> mehr stärken als das **Vertrauen**,
> das man ihm **entgegenbringt**.
>
> [Paul Claudel | *französischer Schriftsteller (1868–1955)*]

ÜBUNG

Alles ist vergänglich

Manchmal hilft ein Blick zurück, wenn es uns schlecht geht oder wir uns Sorgen machen. Es kann sehr tröstlich sein, uns in Momenten der Angst oder Verzweiflung daran zu erinnern, was uns noch vor einem Jahr oder vor fünf Jahren große Sorgen bereitet hat.

→ Nehmen Sie sich wieder etwas Zeit, atmen Sie ein paar Mal tief ein und aus und kommen Sie erst einmal bei sich an.

→ Versuchen Sie, sich nun ganz bewusst an vergangene Sorgen und Kümmernisse zu erinnern. Wie war das, als unser Kind jedes Mal herzzerreißend schluchzte, als wir es im Kindergarten ablieferten? Oder als seine beste Freundin wegzog und es deshalb nicht mehr zur Schule gehen wollte? Oder als es sich verletzte, weil es sich mit dem Messer in den Zeigefinger schnitt und das Blut nur so rausspritzte? Oder als es so schrecklich hustete, dass wir dachten, es erstickt gleich?

→ Es tröstet fast immer, wenn Sie erkennen, dass auch die schlimmen Erfahrungen vorbeigingen und aus heutiger Sicht meist gar nicht so schrecklich waren.

→ Versuchen Sie, sich vorzustellen, dass es Ihnen wahrscheinlich auch mit Ihren aktuellen Sorgen so gehen wird.

uns gerade zeigt. Stattdessen entwickelt sich eine Art innere Leichtigkeit, die uns hilft, mehr und mehr loszulassen, mit dem Leben zu fließen und es nicht mehr kontrollieren zu wollen. So können wir auch aufhören, über unsere Kinder und ihr Leben bestimmen zu wollen. Da alles vergänglich ist, dauern auch Sorgen und sogar großes Leid nicht ewig an. Umgekehrt ist zwar auch GLÜCK nicht von Dauer, aber wenn wir wissen, dass es nicht ewig währt, genießen wir die glücklichen Momente mehr – und halten nicht krampfhaft an ihnen fest. Wir leben mehr im Hier und Jetzt, denn nur der Augenblick zählt.

Im Hier und Jetzt leben

Im Rückblick auf unser Leben erkennen wir, dass nichts andauert, dass Veränderungen zum Leben gehören, ja, dass Leben gar nicht möglich wäre ohne VERÄNDERUNGEN. Das sehen wir am deutlichsten an unseren Kindern: Sie verändern sich ständig, manchmal in einem atemberaubenden Tempo. Und ihnen gelingt es großartig, ganz im Hier und Jetzt zu leben – wenn wir sie lassen. Der Reformpädagoge Janusz Korczak spricht sogar vom Recht des Kindes auf den heutigen Tag. Wenn wir unserem Kind dieses Recht zugestehen, können wir die Gegenwärtigkeit, die Achtsamkeit für den Moment von ihm lernen. Schließlich tut es uns allen gut, wenn wir Veränderungen zulassen und nicht an Gewohnheiten festhalten.

Zukunftspläne kritisch überprüfen

Das betrifft auch unsere Planungen für die Zukunft: Je mehr Pläne wir für das Morgen schmieden, umso mehr verhindern wir, dass wir ganz im Hier und Jetzt leben. Es kommt ja ohnehin anders, als wir denken. Kennen Sie den Spruch: »Leben ist das, was dir zustößt, während du andere Pläne machst.«? Manche Vorsorge ist sicher nötig, etwa wenn es um die rechtzeitige Anmeldung im Kindergarten oder die Suche nach der geeigneten Schule geht. Aber die meiste Planung, die in unserem Kopf stattfindet, ist unnötig und behindert sogar eine freie Entfaltung. Das Leben lässt sich nicht planen, wie wir aus eigener Erfahrung wissen. Also brauchen wir auch keine Zeit und Energie damit zu verschwenden. Außerdem sind Enttäuschungen vorprogrammiert, denn unsere Pläne haben mit der Realität meist wenig bis gar nichts zu tun. Dazu gehört auch, dass Sie Ihr Kind nicht verplanen – denn seine Zeit ist KOSTBAR! Wie viele Kinder haben neben der Schule vollgestopfte Terminkalender, die ihnen kaum mehr Luft zum Atmen lassen! Gönnen Sie sich selbst und Ihrem Kind Freiräume und Zeiten der Muße. Vielleicht erinnern Sie sich noch an die Geschichte auf Seite 10: Je mehr wir in die Zukunft schauen, uns unseren Wünschen und Plänen widmen, umso unwahrscheinlicher ist es, dass unser Glück uns erreicht. Wenn es uns also gelingt, damit aufzuhören, uns allzu viel mit der Vergangenheit zu beschäftigen oder uns um die Zukunft zu sorgen, sind wir offener für ergiebiges, intensives Erleben mit allen Sinnen, das uns bisher vielleicht nicht möglich war. Wir können der Oberfläche entkommen und uns für ein REICHERES LEBEN bereit machen. Und vielleicht erwischt uns ja sogar unser Glück …

> Laufe nicht der **Vergangenheit** nach
> und verliere dich nicht in der **Zukunft**.
> Die **Vergangenheit** ist nicht mehr.
> Die **Zukunft** ist noch nicht gekommen.
> Das **Leben** ist hier und jetzt.
>
> [Buddha]

Realitäten anerkennen und loslassen

Wir können nicht alles beeinflussen, aber wir können frei wählen, mit welcher Einstellung wir uns dem Leben stellen und es zu meistern versuchen. Nicht immer gelingt es uns auf Anhieb, von unseren Vorstellungen und Wünschen Abstand zu nehmen. Fällt es uns schwer, die Wirklichkeit anzuerkennen, kann es vielleicht helfen, unsere Erwartungen noch einmal zu überprüfen: Haben wir uns vorher etwas anderes vorgestellt? Haben wir uns getäuscht und sind nun enttäuscht? Haben wir gedacht, das, was ist, dürfte eigentlich nicht sein? Erst wenn es uns gelingt, anzunehmen, was ist, können wir auch loslassen.

Loszulassen bedeutet, unsere Bedürfnisse nicht auf unser Kind zu projizieren, sondern zu akzeptieren, dass es ein **EIGENSTÄNDIGER MENSCH** ist und sich nicht immer so verhält, wie wir es uns vorstellen oder wünschen. Und das umso mehr, je älter es wird. Diese Aufgabe ist für viele Eltern schwierig, vor allem wenn sie sich stark mit ihrem Kind identifizieren, wenn es ihnen schwerfällt, zwischen den eigenen Bedürfnissen und Wünschen und denen des Kindes zu unterscheiden, und wenn sie die eigenen Sorgen und Ängste mit der Realität verwechseln. Doch genau hier ist ein wichtiger Ansatzpunkt, dem wir mit mehr Achtsamkeit begegnen können, um genau zu unterscheiden, welches unsere Geschichte ist und welche die des Kindes. Dabei können Ihnen auch die folgenden Überlegungen helfen.

ÜBUNG

Immer wieder loslassen

→ Gönnen Sie sich wieder ein wenig Zeit, in der Sie sich nicht stören lassen und Ihr Notizbuch zur Hand nehmen. Dann überlegen Sie:

- Worauf versuche ich Einfluss zu nehmen?
- Wo könnte ich meinem Kind mehr Freiraum lassen?
- Welche Sorgen und Ängste habe ich?
- Habe ich vielleicht einige aus meiner eigenen Kindheit übernommen?
- Kann ich meine Sorgen und Ängste bei mir lassen und für mich behalten, oder belaste ich damit auch mein Kind?
- Welche Ideen oder Vorstellungen über mein Kind habe ich?
- Kann ich meinem Kind erlauben, sein eigenes Leben zu leben?
- Kann ich anerkennen, dass es nicht dazu da ist, meine Erwartungen zu erfüllen?

Auf die Qualität der Beziehung kommt es an

Als Eltern versuchen wir immer, unser Bestes zu geben und den »richtigen« Weg zu finden, damit unsere Kinder zu glücklichen und stabilen Menschen heranreifen. Dabei besteht die Gefahr, dass wir zu verbissen werden, und es kann leicht geschehen, dass wir Übermenschliches von uns erwarten. Aber Kinder brauchen keine perfekten Eltern, das wäre auch gar nicht gut für sie. Eltern zu sein bedeutet, immer wieder Fehler zu machen. Wir begeben uns schließlich in Neuland, hatten vermutlich selbst keine Kindheit, in der wir bedingungslose Liebe und Respekt in dem Maße erhalten haben, wie wir es gebraucht hätten. Kinder brauchen also KEINE PERFEKTEN ELTERN! Aber was könnten sich Kinder mehr wünschen als Eltern, die ihr Bestes tun, sich immer wieder neu in sie einzufühlen, die Fehler eingestehen und sich entschuldigen – und die auch über sich selbst lachen können. Jon Kabat-Zinn sagte einmal: »Diese Sache ist zu ernst, als dass man sie zu ernst nehmen dürfe.« Um das Bild des Surfens wieder aufzugreifen: Weder Nachlässigkeit noch Verbissenheit sind dabei hilfreich. Auch wenn wir mal ins Wasser fallen, steigen wir einfach wieder aufs Brett. Und wenn es mal gut läuft, können wir die Freude genießen, die das Leben mit Kindern mit sich bringt.

Innere Zuwendung statt Erziehung

In unserer Unsicherheit suchen wir oft nach Erziehungsmethoden, die uns den passenden Schlüssel für den richtigen Umgang mit unserem Kind an die Hand geben. Dabei begegnen uns viele Experten, die unterschiedliche Wege vorschlagen, wie Eltern sich verhalten und ihre Kinder erziehen sollten. So kann zwar unser Wissen über Kindererziehung sehr umfassend werden. Doch bleibt es abstrakt, solange wir nach einem Schema handeln. Und wenn wir nicht achtsam sind, kann es sich sogar zwischen uns und unsere Kinder schieben – und so unsere Wahrnehmung trüben. Es mag einfach klingen, ist aber außerordentlich schwierig, eingefleischte, meist von den eigenen Eltern übernommene Methoden sowie Ratgeberwissen loszulassen. Wir brauchen viel MUT und UNTERSTÜTZUNG, um die innere Kraft zu gewinnen, die dadurch entstehende Unsicherheit auszuhalten.

Wirklich wahrnehmen

In diesem Buch wurden neue Wege aufgezeigt, wie wir uns selbst und unser Kind wahrnehmen und das gemeinsame Leben gestalten können. Diese Veränderungen eröffnen uns ganz neue Perspektiven. Unser Kind ist nicht länger ein Objekt der Erziehung, an dem wir »herumdoktern« müssen, bis es »richtig erzogen« ist und sich nach unseren Vorstellungen verändert hat. Wir wenden uns stattdessen vor allem unserem eigenen Inneren zu, der Art und Weise, wie wir unserem Kind begegnen und was wir ihm durch unser Sein vermitteln. Aus dieser Perspektive wird deutlich, dass wir uns auf das Elternsein nicht wirklich vorbereiten können. Wir können einfach nie wissen, was uns erwartet und welche Schritte sich auf unserem Weg ergeben. Immer wieder geht es darum, innezuhalten, uns wirklich zuzuwenden. Nur so können wir unser Kind und seine echten Entwicklungsbedürfnisse wahrnehmen. Wir achten vor allem auf die Beziehungsqualität, die unseren Alltag mit unserem Kind bestimmt. Somit geht es nicht nur um die Kinder und ihr Verhalten, sondern in erheblichem Maße auch um uns selbst. Indem wir die VERANTWORTUNG für uns und die Beziehung zu unserem Kind übernehmen, indem wir innerlich an uns arbeiten, hat das Kind ein anderes Gegenüber, an dem es sich orientieren kann.

Erfahrungsbericht

Lienhard Valentin, 44, mit Simon, 6 Jahre

An dieser Stelle möchte ich eine kleine Anekdote aus meinem Familienalltag erzählen. Von Anfang an hatte ich eine Art Vertrag mit mir geschlossen, dass ich – egal was passiert – keine Gewalt anwenden und auch meine anderen Intentionen so gut wie möglich verwirklichen wollte. Natürlich kommt es in den Wirren des Alltags auch immer mal wieder vor, dass ich nicht gemäß meinen Vorsätzen handle.

Als ich einmal in Eile und kurz vor der Abfahrt war, kam mein damals sechsjähriger Sohn und bat mich um irgendetwas. Gehetzt wie ich war, hörte ich gar nicht richtig zu, sondern sagte einfach kurz angebunden: »Jetzt nicht, ich muss gleich los.« Woraufhin ich zu hören bekam: »Jetzt bist du wieder so ein Blödmann!«

Ich konnte förmlich spüren, wie ein selbstgerechter Teil in mir aufsprang, der in etwa Folgendes in mir auslöste: »Ich glaub, ich spinne! So weit kommt es noch – ich muss wohl doch strenger werden, wenn er sich so aufspielt.« Da eine meiner Intentionen war, möglichst nicht aus einem Ärger heraus zu handeln, sagte ich gar nichts und legte eine Atempause ein (siehe Seite 76). Dies half mir zwar, nichts Unüberlegtes zu sagen, da ich aber immer noch unter Zeitdruck war, gelang es mir in der Situation noch nicht, angemessen auf meinen Sohn einzugehen. Später bei der Autofahrt schaute ich mir die Situation noch einmal aus der Perspektive meines Sohnes an.

Simon war es gewohnt, dass ich auf ihn einging, wenn er etwas von mir wollte. In dieser Situation begegnete er aber einem anderen Vater – einem, der in Zeitdruck war. Einem Vater, der ihn eher als Hindernis auf seinem momentanen Weg sah statt als seinen Sohn, der ihn jetzt brauchte. Wenn ich es dem Zeitdruck in mir erlaubte, meine Sicht der Dinge und mein Handeln zu bestimmen, so war ich tatsächlich nicht der Vater, der ich sein wollte.

Als ich am Abend nach Hause kam und unsere Verbindung wiederhergestellt war, kam ich noch einmal auf den Vorfall zu sprechen und schlug ihm vor, nachzuspielen, wie ich am Morgen gewesen war. Das war nicht leicht mit anzuschauen – er war wirklich gut, und es fiel mir anschließend nicht schwer, mich zu entschuldigen.
Diese Geschichte hätte aber auch ganz anders verlaufen können. Ich hätte beschließen können, dass es nun an der Zeit sei, eine Grenze zu setzen und notfalls mit Konsequenzen zu drohen, wenn diese Grenze nicht respektiert wird. Ich hätte auf einer Entschuldigung für den »Blödmann« bestehen oder mich mit meinem Arbeitspensum und der Rolle des pflichterfüllenden Hauptverdieners rechtfertigen können. Ich habe all das nicht getan, denn Simon hatte meiner Meinung nach in dieser Situation absolut recht, und ein sechsjähriges Kind muss auch nicht diplomatisch sein. Das Ganze hat sich in Gelächter aufgelöst und ich habe daraus gelernt. Hätte ich mich anders verhalten, hätte unsere Beziehung wohl dauerhaft Schaden genommen, und es ist mehr als fraglich, ob die gesetzten Grenzen auch nur irgendeine positive Folge gehabt hätten. Als Simon älter wurde, hat er sich übrigens von sich aus anders ausgedrückt und entschuldigt, wenn das notwendig war – ohne dass dies jemals von ihm eingefordert wurde.

Unsere Quelle der Freude

Viele Menschen richten ihr Augenmerk stärker auf Probleme und schauen vor allem auf das, was schwierig ist an ihrem Kind und dem Zusammenleben mit ihm.

Doch wir haben auch hier die Wahl und können bewusst einen anderen Weg einschlagen, indem wir nach der gemeinsamen Freude – ohne Wenn und Aber – suchen und uns diese immer wieder vergegenwärtigen: Woran denken wir gerne, wenn wir uns unser Kind vorstellen? Spürt es eigentlich, dass es eine Quelle der Freude für uns ist? Oder vermitteln wir ihm eher das Gefühl, eine Last zu sein? Wir haben die Wahl, uns an der gemeinsamen Freude zu orientieren, statt immer nur darauf zu achten, was nicht so läuft, wie wir uns das vorstellen. Jeden Tag gibt es genügend Gelegenheiten, uns auf das zu besinnen, was uns mit unseren Kindern verbindet – das innere Band der Liebe und des WOHLWOLLENS.

Und auch wenn diese Verbindung und Freude immer wieder mal verloren gehen oder durch negative Emotionen verhüllt werden – wir können uns ihrer erinnern, wie in der Übung auf Seite 66/67. Auch mit der Übung auf der nächsten Seite können Sie nach und nach Ihre Wahrnehmung für die freudigen Angelegenheiten öffnen.

Ein Geschenk für unser Kind

Wenn wir unseren Fokus auf die Freude richten, hat das nicht nur eine tief greifende Wirkung auf die Beziehung zu unserem Kind. Wie wirkt es sich erst auf das Lebensgefühl eines Kindes aus, wenn es immer wieder die Erfahrung macht: Ich bin eine Freude für meine Eltern! Das heißt nicht, dass wir ständig in Begeisterung ausbrechen müssen, wenn wir unser Kind sehen. Indem wir einfach diese Grundhaltung einnehmen, vermitteln wir dies subtiler, aber nicht minder wirksam. Aus eigener Erfahrung wissen die meisten von uns nur allzu gut, wie schwierig es ist, alte negative Selbstbilder als solche zu

> Wenn du ein **Problem** hast,
> versuche es zu **lösen**.
> Kannst du es **nicht** lösen,
> dann mache **kein** Problem daraus.
>
> [Buddha]

ÜBUNG

> **Freude bewusst wahrnehmen**
>
> Nehmen Sie sich zunächst einmal nur vor, in der kommenden Woche bewusst auf freudige Dinge im Zusammenhang mit Ihrem Kind zu achten.
>
> → Versuchen Sie, jeden Abend vor dem Einschlafen zehn Dinge aufzuzählen, die Sie heute erlebt haben und für die Sie dankbar sind: »Ich bin dankbar für …«
>
> → Sie können diese Übung auch vor dem Zubettgehen machen und die Dinge, die Ihnen Freude bereitet haben, in Ihr Notizbuch schreiben – so werden Sie Ihnen noch bewusster.
>
> Mit der Zeit können Sie sich diese Rückschau zur Gewohnheit werden lassen, sodass die positive Haltung Ihren Kindern gegenüber immer selbstverständlicher wird.

erkennen und hinter uns zu lassen. Denn unser Selbstwertgefühl hängt wesentlich davon ab, wie wir von unserer Umgebung gesehen wurden. Dies wird verinnerlicht wie die Muttersprache – es wird Bestandteil unseres Denkens und Fühlens, ob wir es wollen oder nicht.

Hat ein Kind jedoch die Sicherheit, eine Freude für seine Eltern zu sein, kann es ein POSITIVES SELBSTBILD entwickeln, das für sein ganzes weiteres Leben von großer Bedeutung ist. Als Eltern haben Sie die Wahl, Ihrem Kind diesen Schatz mitzugeben, indem Sie, wie der Indianer in der Geschichte auf der nächsten Seite, den liebevollen und mitfühlenden Teil in sich stärken.

Bereit für Veränderungen

Wenn wir uns auf die Freude mit unserem Kind konzentrieren, heißt das nicht, dass wir die Schwierigkeiten und das Leid ignorieren sollten. In jedem Leben gibt es Freude und Schmerz – und wenn wir versuchen, das eine ohne das andere zu bekommen, schaffen wir nur noch zusätzliches Leid. Entscheidend ist, wie wir damit umgehen. Können wir auch das Leid und die Probleme akzeptieren, oder verschanzen wir uns hinter hohen Mauern, die uns vor den unangenehmen Erfahrungen schützen sollen? Sind wir bereit, uns den Herausforderungen, die gerade das Leben mit Kindern bereithält, zu stellen, oder verweigern wir uns? Ergreifen wir die CHANCEN, die sich uns bieten, oder lassen wir sie ungenutzt verstreichen? Das Leben mit Kindern bringt sowohl unsere besten als auch unsere hässlichsten Seiten zum Vorschein. Unsere unschönen Seiten, unser Egoismus, unsere Gleichgültigkeit – all das, was wir ansonsten vielleicht unter dem Teppich halten können – kommen an die Oberfläche und bieten reichhaltiges Material, uns wirklich kennenzulernen und uns weiterzuentwickeln.

»Bevor ich Mutter wurde, konnte ich in dem Glauben leben, ich sei ein netter Mensch«, hat es eine Frau in einem Seminar einmal so treffend ausgedrückt. Kinder halten uns immer wieder den Spiegel vor und bringen uns unweigerlich mit unseren wunden Punkten in Kontakt. Es liegt an uns, ob wir die Gelegenheit nutzen, wacher zu werden, oder ob wir den bequemen Weg gehen wollen und lieber weiterschlafen.

Weisheitsgeschichte

Ein alter Indianer saß mit seinem Enkelsohn am Lagerfeuer. Die Nacht hatte sich über das Land gesenkt, und die Flammen züngelten hoch hinauf in den Himmel.

Nach einer langen Weile des Schweigens sagte der Alte zu seinem Enkel: »Weißt du, manchmal fühle ich mich, als wenn zwei Wölfe in meinem Herzen miteinander kämpfen würden. Einer der beiden ist rachsüchtig, aggressiv und grausam. Der andere hingegen ist liebevoll, sanft und mitfühlend.«

»Welcher der beiden wird den Kampf um dein Herz gewinnen?«, fragte der Junge. »Der Wolf, den ich füttere«, antwortete der Alte.

Es ist alles andere als angenehm, wenn uns der Boden unter den Füßen weggezogen wird, und Kinder tun genau das. Wie nichts und niemand anderes berühren sie unsere wunden Punkte, zwingen uns, der Realität ins Auge zu blicken. Sie kratzen ständig an unserem Selbstbild, und nicht zuletzt aus diesem Grund sind sie eine solch große Chance für unser eigenes inneres Wachstum.

Kraftvoll und sicher durch Meditation

Die Übung auf der nächsten Seite ist besonders geeignet, um innere Stabilität zu entwickeln und zu stärken, damit wir den täglichen Herausforderungen kraftvoll begegnen können. Sie stammt ursprünglich von Jon Kabat-Zinn und wurde hier etwas verändert. Der Berg ist ein **KRAFTVOLLES SYMBOL** für unerschütterliches Verweilen in Gegenwärtigkeit und Stille – in einem inneren Raum jenseits von Gedanken und Emotionen. Indem wir in der Meditation zum Berg werden, verbinden wir uns mit seiner Unerschütterlichkeit. Unsere Gedanken und emotionalen Stürme ähneln dem Wetter auf dem Berg. Jon Kabat-Zinn meint, wir neigen dazu, das Wetter unseres Lebens allzu persönlich zu nehmen. Wir können es nicht ignorieren oder leugnen, wir müssen uns aber auch nicht von ihm herumwirbeln lassen. Wenn wir es als das wahrnehmen und anerkennen, was es ist, und ihm mit Gewahrsein begegnen, gewinnen wir ein hohes Maß an innerer Freiheit, Ruhe und **SICHERHEIT**.

Wenn Sie mit dieser Art der Meditation etwas anfangen können, versuchen Sie, sich auch im Alltag angesichts von Widrigkeiten oder emotionalen Stürmen, die durch Ihren Geist ziehen, an Ihren Berg zu erinnern. Manche Menschen haben Schwierigkeiten, sich in einen Berg hineinzuversetzen. Wenn es Ihnen auch so geht, sollten Sie sich zu nichts zwingen. Versuchen Sie es stattdessen mit dem Bild eines Felsens in der Brandung oder auch eines Baumes, der tief verwurzelt ist und trotzdem flexibel heftigen Stürmen trotzen kann.

ÜBUNG

Die Bergmeditation

Am leichtesten kommen Sie mit dem Gefühl der Unerschütterlichkeit in Kontakt, wenn Sie bei dieser Meditation mit gekreuzten Beinen auf dem Boden sitzen. Wenn Ihnen dies nur unter Schwierigkeiten möglich ist, können Sie natürlich auch eine andere Meditationshaltung einnehmen. Beim Meditieren ist es wichtig, dass Sie sich um sich selbst kümmern und sich nichts aufzwängen.

→ Lassen Sie sich zunächst ein wenig Zeit, im Sitzen anzukommen, und wenn Sie dann bereit sind, lassen Sie das Bild eines Berges vor Ihrem inneren Auge auftauchen, der Sie besonders anspricht.

→ Warten Sie einfach ab, was für ein Bild sich einstellt. Es kann ein Berg sein, den Sie kennen und zu dem Sie vielleicht eine besondere Beziehung haben, oder auch ein Berg, der nur in Ihrer inneren Welt existiert.

→ Auch wenn sich kein klares Bild eines Berges einstellt, lassen Sie sich nicht entmutigen – vielleicht gehören Sie zu den Menschen, die eher das Gefühl, ein Berg zu sein, in sich wachrufen können, als einen solchen zu visualisieren.

→ Wenn ein Berg auftaucht, lassen Sie diesem Bild Zeit, deutlicher zu werden. Nehmen Sie seine Form wahr, wie er tief in der Erdkruste ruht und sich dann bis zu seinem Gipfel erhebt. Nehmen Sie seine Schönheit wahr, seine Stabilität und Unerschütterlichkeit. Sitzen Sie und atmen Sie mit diesem Berg.

→ Wenn Sie sich bereit fühlen, versuchen Sie, den Berg in Ihren eigenen Körper hineinzuversetzen, sodass Ihr sitzender Körper und der Berg eins werden. Ihr Kopf wird zum Gipfel, Ihre Schultern und Arme zu den Flanken des Berges und Ihr Gesäß und Ihre Beine zur Basis, die tief im Boden verwurzelt ist. Lassen Sie sich zu einem atmenden Berg werden, der unerschütterlich in seiner Stille ruht.

→ Schließen Sie die Meditation dann in Ihrem Rhythmus ab, und kehren Sie achtsam mit dem Gefühl der inneren Stärke in den Alltag zurück.

Geben und Nehmen

Fälschlicherweise wird immer angenommen, wir Eltern, »die Älteren«, seien die Lehrmeister unserer Kinder, begleiten sie und lehren sie das Nötige. Dabei wird häufig unterschätzt, dass dies auch umgekehrt der Fall ist. Denn Kinder bieten uns eine unvergleichliche Chance zu innerem Wachstum – wenn wir bereit sind, in den Spiegel zu schauen, den unsere Kinder uns vorhalten. Denn wenn wir den Herausforderungen, mit denen wir als Eltern konfrontiert werden, wach und achtsam begegnen, eröffnen sich uns ungeahnte Entwicklungsmöglichkeiten. Wir können praktisch alle Situationen im Zusammenleben mit unseren Kindern nutzen, um die Barrieren in unserem eigenen Geist zu entfernen und tiefer in unser Inneres, auch auf unsere dunklen Punkte, zu schauen. Dadurch steigert sich ganz automatisch die Präsenz im Kontakt mit unseren Kindern.

Wohl alle Eltern würden den Satz unterschreiben, dass ihre Kinder ihr ganzes Leben verändert haben. Noch weit mehr als alle äußeren Veränderungen unserer Biografie können unsere Kinder aber den Menschen in uns verändern und UNSERE BUDDHA-NATUR zum Vorschein bringen. Wenn wir diese gegenseitige Befruchtung sehen, die zwischen Eltern und Kindern stattfindet, verändert sich die Eltern-Kind-Beziehung ganz grundsätzlich.

Selbstverständlich liegt die Verantwortung für die Verbindung nach wie vor bei den Erwachsenen. Sie sind es auch, die Werte vermitteln und als Vorbild fungieren. Aber es ist eben nicht mehr das scheinbar einseitige Geben oder gar Aufopfern, das von den Eltern verlangt wird. Denn die Kinder geben weit mehr zurück als die einzigartigen, beglückenden Momente, die sie ihren Eltern schenken. Sie eröffnen ihren Eltern ENTWICKLUNGSCHANCEN der besonderen Art: einen Weg zum grundlegenden Gutsein in ihrem Inneren.

Insofern ist das Leben mit Kindern nicht nur schwirig, es kann auch eine Quelle der Freude und des tiefen Glücks sein. Indem wir lernen, dem

Leben zu vertrauen, mit den Kindern wirklich in Kontakt treten und ihnen zu geben versuchen, was sie für ihre ENTFALTUNG von uns brauchen, haben auch wir Anteil am Fluss des Lebens. Indem wir uns auf das Leben, wie es sich uns offenbart, einlassen, werden wir innerlich weiter, leichter und bekommen mehr und mehr Zugang zu unserer eigenen inneren Weisheit.

Dem Leben vertrauen

Das Leben mit Kindern ist eine unvergleichliche Chance, innerlich zu wachsen. Dabei kommen wir immer wieder an einen Punkt, wo wir Unterstützung brauchen. Wir alle haben unsere blinden Flecke, insofern kann es eine große Hilfe sein, uns mit anderen auszutauschen, die sich ebenfalls auf den Weg gemacht haben, und uns gegenseitig dabei zu unterstützen, unseren eigenen Weg zu finden (siehe Seite 156). Es geht darum, Schüler des Lebens zu werden, unsere eigene innere Weisheit zu entdecken und gleichzeitig unseren Kindern die innere und äußere Nahrung zur Verfügung zu stellen, die sie für ihre Entfaltung brauchen.

Jedes Kind braucht individuelle Antworten, und das bringt große Anforderungen mit sich für Eltern und alle, die mit Kindern arbeiten. Diese Aufgabe braucht aber keine schwere Bürde zu sein. Das Leben trägt uns, wenn wir uns einlassen. Nicht dass dann alles einfach wäre, dass wir nicht immer wieder einmal ratlos wären und glauben, den Weg vollkommen verloren zu haben. Das Lernen hört nie auf. Aber die QUALITÄT UNSERES LEBENS wird eine völlig andere. Wir lernen, was es heißt, wirklich lebendig zu sein. Es geht darum, unser wahres Menschsein zu entdecken und zu verwirklichen.

In traditionellen buddhistischen Schriften werden vier Eigenschaften die »göttlichen Wohnstätten« genannt: liebevolle Güte, Mitgefühl, Anteil nehmende Freude und Gleichmut (eine ausgeglichene Mitte, die alles enthält). Wenn wir uns als Eltern an diesen vier Zielen orientieren, sind wir auf dem richtigen Weg.

ÜBUNG

Energie auftanken: Eine Oase der Erholung

Zum Abschluss möchten wir Ihnen noch eine Übung vorstellen, die vor allem der Selbstunterstützung und Regeneration dient, damit Sie im Alltagstrubel Ihre Ziele nicht so leicht aus den Augen verlieren.

→ Auch diese Übung können Sie wieder im Sitzen oder im Liegen ausüben. Sorgen Sie dafür, dass Sie nicht gestört werden. Dann lassen Sie sich ein wenig Zeit, um bei sich und Ihrem Körper anzukommen.

→ Wenn Sie so weit sind, können Sie die Aufmerksamkeit wieder sanft auf Ihren Atem richten. Begleiten Sie einfach das Ein- und Ausströmen Ihres Atems in dem Bewusstsein, dass er sich ständig erneuert und regeneriert, ohne dass Sie etwas dazu tun müssen.

→ Mit jedem Einatmen nehmen Sie neue Energie und helles, warmes Licht auf, das sich mit dem Ausatmen in Ihrem ganzen Körper ausbreitet und gleichzeitig alles nach außen transportiert, was nicht mehr benötigt wird. Diesen Vorgang, der Ihr ganzes Leben lang selbstverständlich Tag und Nacht stattfindet, können Sie sich so bewusst machen. Und wenn Sie merken, dass Sie abgeschweift sind, können Sie wieder kurz registrieren, wohin Ihre Gedanken gewandert sind, um dann sanft zum Kontakt mit Ihrem Atem zurückzukehren.

→ Wenn Sie bereit sind, können Sie das Bild von einem Ort vor Ihrem inneren Auge oder Gefühl auftauchen lassen, an dem Sie sich besonders wohl und sicher fühlen. Es sollte ein Ort in der Natur sein, ein Ort, den es entweder tatsächlich gibt und den Sie kennen, oder ein Ort in Ihrer Fantasie, den Sie ganz nach Ihren Vorstellungen gestalten können.

→ Hilfreich für diese Übung ist es, wenn an diesem Ort in irgendeiner Form Wasser vorhanden ist, sei es ein Bach, ein Wasserfall oder ein kleinerer oder größerer See – wie auch immer es für Sie gerade am besten passt.

→ Lassen Sie sich die Zeit, die Sie brauchen, damit dieser Ort vor Ihrem inneren Auge oder auch Gefühl für Sie lebendig werden kann. Was für Pflanzen wachsen dort, welche Jahreszeit herrscht gerade, gibt es vielleicht Vögel, die singen? Wie möchten Sie sich an diesem Ort bewegen, und wo gibt es einen Platz, an dem Sie sich ausruhen können?

→ Das Wasser an diesem Ort hat eine ganz besondere Heilwirkung. Sie können es entweder trinken oder darin baden. Es kann Stress und Sorgen wegwaschen und Sie regenerieren. Bewegen Sie sich an diesem Ort, so wie es Ihnen gefällt. Und wenn es etwas gibt, das Sie noch für Ihre Bedürfnisse verbessern können, tun Sie das einfach.

→ Wenn Sie an diesem Ort vielleicht ein wenig herumspaziert sind oder sich erfrischt oder gebadet haben, lassen Sie sich schließlich dort nieder und nehmen wieder Verbindung mit Ihrem Atem auf. Ruhen Sie mit der Aufmerksamkeit auf den Wellen Ihres Atems. Es gibt nichts, was zu erreichen oder zu erledigen wäre. Lassen Sie sich einfach von Ihrem Atem nähren, und genießen Sie diese Zeit des Seins in Ihrer Oase der Regeneration.

→ Dann stellen Sie sich innerlich darauf ein, diesen Ort in Ihrer Zeit wieder zu verlassen, in dem Bewusstsein, dass Sie jederzeit wieder zurückkehren können.

→ Kommen Sie nun zurück in das Jetzt, zu Ihrem Körper. Und wieder können Sie nachspüren, wie sich die Übung auf Sie ausgewirkt hat.

→ Beenden Sie die Übung in Ihrer eigenen Zeit, indem Sie sich sanft rekeln und strecken, die Augen öffnen und sich bewusst wieder auf Ihren Alltag einstellen. Vielleicht können Sie sich etwas von der Ruhe und dem Frieden, die an diesem Ort geherrscht haben, in Ihrem Alltag bewahren. Und wann immer es nötig ist, aufs Neue Kontakt mit Ihrem Atem aufnehmen, um sich in sich selbst und Ihrem Körper zu verankern.

Bücher und Adressen, die weiterhelfen

Bücher

Aldort, N., **Von der Erziehung zur Einfühlung;** Arbor
Ein richtungsweisendes Buch, das hilft, alte Denkmuster zu erkennen und im Leben mit Kindern neue Wege zu gehen.

Kabat-Zinn, J./M.; **Mit Kindern wachsen;** Arbor
Der Klassiker für die Praxis der Achtsamkeit in der Familie. Sehr empfehlenswert!

Kohn, A., **Liebe und Eigenständigkeit: Die Kunst bedingungsloser Elternschaft – jenseits von Belohnung und Bestrafung;** (erscheint im Frühjahr 2011) Arbor
Endlich ein Buch des bekannten Pädagogen auf deutsch!

Siegel, D./Hartzell, M., **Gemeinsam leben – gemeinsam wachsen;** Arbor
Eine Erzieherin und ein bekannter Bindungs- und Gehirnforscher zeigen Wege zu einer harmonischen und gehirngerechten Eltern-Kind-Beziehung.

Valentin, L., **Mit Kindern neue Wege gehen;** Arbor
Ein grundlegendes Buch über die Hintergründe und wesentlichen Elemente für ein achtsames Leben mit Kindern.

Valentin, L., **Achtsame Eltern – glückliche Kinder;** Arbor
Buch-CD mit geleiteten Meditationen, wie sie auch in diesem Buch zu finden sind. Gesprochen von L. Valentin.

Von allen oben genannten Büchern finden Sie unter www.arbor-verlag.de ausgiebige kostenlose Leseproben und weitere Informationen

Brooks, R./Goldstein, S., **Das Resilienz-Buch. Wie Eltern ihre Kinder fürs Leben stärken.** Klett-Cotta
Stellt die Kompetenzen von Kindern ins Zentrum.

Gibran, K.; **Der Prophet;** dtv
Ein Klassiker voller Lebensweisheit.

Mecalf, F., **Buddha im Rucksack. Buddhismus für Teens;** O.W. Barth
Ein wertvoller Lebensbegleiter für Teenager.

Weitere Ratgeber zum Thema „Kinder erziehen und fördern" aus dem GRÄFE UND UNZER VERLAG:

Bentheim, A./Murphy-Witt, M., **Was Jungen brauchen**

Cheung, A., **Die Qi-Formel: Das Geheimnis der inneren Zufriedenheit**

Daiker, I., **Gelassen wie ein Buddha**

Ettrich, C./Murphy-Witt, M., **AD(H)S – was wirklich hilft**

Herold, S., **300 Fragen zur Erziehung**

Koneberg, L./Förder, G., **Kinesiologie für Kinder**

Kunze, P./Salamander, C., **Die schönsten Rituale für Kinder**

Mannschatz, M., **Buddhas Anleitungen zum Glücklichsein**

Stamer-Brandt, P./Murphy-Witt, M., **Das Erziehungs-ABC: von Angst bis Zorn**

Adressen und Links

Mit Kindern wachsen e.V., Zechenweg 4, 79111 Freiburg, Website: www.mit-kindern-wachsen.de
Der Verein bietet diverse Weiterbildungen und Seminare für Eltern an und gibt die vierteljährlich erscheinende Zeitschrift »Mit Kindern wachsen« heraus. Auf der Website finden Sie auch nähere Informationen zum EntdeckungsRaum, ein Angebot für Eltern und Kleinkinder (siehe Seite 61). Es gibt

Register

Gruppen in Deutschland, Österreich und der Schweiz. Ein weiteres Angebot ist der Elternkompass. Bei dieser Weiterbildung geht es vor allem um die Entwicklung unserer inneren Wahrnehmungsfähigkeit und unseres Einfühlungsvermögens. Sie richtet sich sowohl an Eltern, als auch an Menschen, die Eltern auf ihrem Weg begleiten wollen.

Deutsche buddhistische Union
www.dharma.de
Dachverband der Buddhisten und buddhistischen Gemeinschaften in Deutschland. Vermittelt Basisinformationen und Kontakte.

Österreichische Buddhistische Religionsgesellschaft
www.buddhismus-austria.at
In dieser Gesellschaft vereinen sich 23 Orden, Dharmagruppen und buddhistische Institute aller Richtungen des Buddhismus. Bietet Information und Kontakte.

Schweizerische Buddhistische Union
www.sbu.net
Dachverband der Buddhisten und buddhistischen Gemeinschaften in der Schweiz. Bietet u.a. Information über Veranstaltungen und Kontakte zu Gruppen.

A

Ablehnung 71, 82
Abneigungen 19
Achtsamkeit 6, 10, 14, 17 f., 22 ff., 30 f., 37, 41, 55 ff., 65, 71 ff., 80, 125, 135 f.
– auf den Atem 27, 66 f., 76 f., 154
Achtsamkeitsmeditation 27 f., 58, 111 f.
Achtsamkeitspraxis 14, 20, 137
Akzeptanz 22, 24, 30, 36, 57 f., 110, 135, 137
Alltagsbewusstsein 30, 70 ff.
Anfänger-Geist 12
Angst, elterliche 19, 21, 38, 58, 80, 86, 104, 134, 137 ff., 142
– kindliche 127, 138
Ärger 28, 80 f.,85 ff., 90, 145
– achtsam ausdrücken 85 f.
Atem 28, 32
Atempause 136, 145
Aufmerksamkeit 8, 12, 17, 20 f., 27
Auszeit 26, 32

B

Bedürfnisse
– elterliche 90, 100, 102, 108, 142
– kindliche 10, 61 f., 80, 99 f., 102, 108, 122 f., 125
Belohnung 125 f., 127 f.
Beurteilungen 45, 58
Bewertungen 19
Beziehung zum Kind 128 f.
Beziehungsqualität 9, 24, 31, 144
Buddha 6 ff., 34, 41, 65, 84, 102, 110, 115, 137
Buddha-Natur 41, 54, 56, 111, 152
Buddhismus 9 ff., 18, 24, 34, 58, 108

Buddhistische Erziehung 39
– Geistesschulung 14
– Gesprächsregeln 84
– Kultur 38
– Lehre 11, 13, 34, 41, 84
– Praxis 10, 14
– Psychologie 94
– Tradition 42, 111 f.

D / E

Denken, eigenes durchschauen 21
– stoppen 25
Eigenschaften, ungeliebte 57
– zuschreiben 45 f.
Einfühlsamkeit 12
Einfühlungsvermögen 61, 70, 98 ff., 104 f., 126
Einsicht 127
Einstellung, innere 14, 25, 28, 89
Eltern, menschliche 14
– perfekte 13, 123, 143
Empathie 98 ff., 104 f.
Empfindungen, körperliche wahrnehmen 23, 27, 32 f., 73, 83, 87
Energie auftanken 15, 31 f., 66, 106, 154 f.
Entscheidungen 31, 132, 134
Entschuldigen 88 f.
Entschuldigung 146
Entwicklungsschritte 63
Erfahrungen annehmen 24, 26 ff., 56 ff., 102, 104, 111 f., 150
Erfahrungen, lediglich wahrnehmen 18, 24, 26 f., 58, 72, 87, 95, 102, 138, 150
Erwartungen 54, 141 f.
– elterliche 21, 43, 48, 51 ff., 121
Erwartungsdruck 53
Erziehung 37, 110 f., 119 ff.,135, 143 f.

Erziehungsprogramm 9
Essenz 36, 38, 41 f., 54

F / G

Freude 19, 111, 130, 143, 146 ff., 152 f.
– bewusst empfinden 66
Frustration 104
Gedanken 15 f., 18 ff., 23 ff., 27, 33, 58
Gedankenabläufe, automatische 30
Geduld 8, 12
Gefühle 15, 22, 23 f., 24, 33, 40
– ausdrücken 125
Gefühlsroutinen 72
Gehorsam 126
Gelassenheit 9 f., 15, 17, 22, 30, 65, 75 f., 102, 110, 117, 135, 137
Gewaltanwendung 8 f., 94, 99, 145
Gewohnheiten 18, 29 f., 70, 140
Grenzen 91, 121 ff., 146
– sinnvoll setzen 124 f.
Gutsein, grundlegendes 34, 41 f., 56, 84, 100, 113, 152

H / I

Haltung, annehmende 135, 137, 141
– innere 56, 58, 65
Hilfe anbieten 63 ff.
Ich-Botschaften 85
Informationsflut 71
Innehalten 8, 23, 26, 30, 72, 82, 89 f., 96, 130, 144
Intentionen, Grundhaltungen 31, 78, 130 ff., 145
Interpretation von Situationen 89 ff., 129 f.
Intuition 12, 17, 100

K

Kommunikation, achtsame 105
Kompetenz, soziale 58, 127
Konflikte 24, 30, 70, 74, 95 f., 98
– vermeiden 82 ff.

Konfliktsituationen 10, 65, 91, 96, 132
Konsequenzen 91, 127 ff., 133, 146
Krisenzeiten 16
Kulturkreis, westlicher 42 ff.
Lebenswünsche des Kindes 51
– elterliche 48 ff., 73
Liebe 10 f., 14, 18, 40, 56, 58, 80, 95 f., 100, 110, 115, 143, 147
– erneuern 96
Loslassen 65, 139, 141 f.

M / O

Meditation 14 f., 26, 111, 150 f.
Meditationshaltung, aufrechte 15, 27, 39
Metta-Meditation 43, 110 ff.
– Variante 116
Mitgefühl 11, 30, 74, 80, 97, 99 f., 102, 104, 111, 115, 118, 126, 153
Muster erkennen 18, 91 f.
– richtig umgehen mit 26 f., 29 f., 81, 86, 88 f., 136
Ohnmacht 87 f.

P / R

Perspektive, kindliche einnehmen 97 ff., 145
Reaktionsmuster, negative unterbrechen 82 f., 86, 88 f.
Regeln 121 ff.
Regeneration 31 ff., 154 f.

S

Schuldgefühle 95
Sein-Modus 73
Selbstakzeptanz 111
Selbstbewusstsein 51
Selbsterkenntnis 27
Selbstkritik 112
Selbstliebe 100, 111
Selbstständigkeit 58, 64
Selbstverantwortung 127
Selbstvertrauen 51, 65
Selbstwert erfahren 55

Selbstwertgefühl 42 f., 117, 148
Selbstzweifel 95
Sorgen 22, 134, 137 ff., 142
Spiel, freies 64
Strafe 125 f., 127 f.
Streit 74
Stress 29, 58, 73 f., 75 ff., 90 f., 93 f., 135
– vorbeugen 78 ff., 89

T / U / V

Träume, eigene 48 ff.
Trotzphase 61, 129
Tun-Modus 71 ff., 78
Umgebung, vorbereitete 60 ff., 112, 124
Ungeduld 28
Unterstützung 153
Veränderungen 140, 148
Verantwortung 88 f., 144, 152
Verbindung, innere zum Kind 32 f., 96, 101, 106 f., 115, 127 f., 134, 147, 152
Verbote hinterfragen 74
Verhalten, auffälliges 41
– schwieriges 44 f., 58, 62, 83, 91 ff., 99, 105, 125, 132 f., 145 f.
– soziales 58, 126

W / Z

Wachstum, inneres 39, 150, 152
Wahrnehmen, bewusstes 23
Wesen, inneres 13, 17, 36 ff., 41, 44, 56
– ureigenstes 36, 112
Wesensunterschiede akzeptieren 44
Widerwillen 71, 87
Wiedergeburt 38
Wünsche, kindliche 125
Wut 33, 76, 80 ff., 92
– richtiger Umgang mit 82 ff.
Zorn 99, 125
Zukunftspläne 140
Zuwendung, achtsame 25
– innere 143 ff.

DIE GU RATGEBER KINDER
Für Ihre Kinder nur das Beste

Sie tun viel für Ihre Kinder – wir tun alles, um Sie dabei zu unterstützen. Unsere Bücher sind geschrieben von **echten Experten** mit langjähriger Erfahrung: Sie bieten Ihnen **aktuelle und bewährte Methoden**, mit denen Sie Ihre Kinder **pflegen** und zärtlich verwöhnen, gesund erhalten und **fördern** können. Alle Übungen, Tipps und Anleitungen sind **mehrfach geprüft** und so geschrieben, dass jeder sie leicht nachvollziehen kann. Natürlich werden alle Inhalte immer auf dem **aktuellen Stand** gehalten.

Und jetzt neu: **GU PLUS**
→ **Der GU-Folder** bietet einen echten Zusatznutzen – als Poster, Einkaufshilfe oder praktische Übersicht.
→ **Die 10 GU-Erfolgstipps** vermitteln spezielles Praxis-Know-how aus dem reichen Erfahrungsschatz der Autoren, das den Ratgeber einzigartig macht.

Impressum

© 2011 GRÄFE UND UNZER VERLAG GmbH, München. Alle Rechte vorbehalten. Nachdruck, auch auszugsweise, sowie Verbreitung durch Bild, Funk, Fernsehen und Internet, durch fotomechanische Wiedergabe, Tonträger und Datenverarbeitungssysteme jeder Art nur mit schriftlicher Genehmigung des Verlages.

Projektleitung
Reinhard Brendli

Lektorat
Angela Hermann-Heene

Bildredaktion
Henrike Schechter

Umschlaggestaltung und Layout
independent Medien-Design,
Horst Moser, München

Herstellung
Susanne Mühldorfer

Satz
abavo GmbH, Buchloe

Lithos
Longo AG, Bozen

Druck und Bindung
Druckhaus Kaufmann, Lahr

ISBN 978-3-8338-1981-0
1. Auflage 2011

Wichtiger Hinweis

Alle Ratschläge und Übungen in diesem Buch wurden von den Autoren sorgfältig recherchiert und in der Praxis erprobt. Dennoch können nur Sie selbst entscheiden, ob und inwieweit Sie diese Vorschläge umsetzen können und möchten. Lassen Sie sich in allen Zweifelsfällen zuvor durch einen Arzt oder Therapeuten beraten.
Weder Autoren noch Verlag können für eventuelle Nachteile oder Schäden, die aus den im Buch gegebenen praktischen Hinweisen resultieren, eine Haftung übernehmen.

Bildnachweis
Getty: S. 7, 69, 109; Plainpicture: S. 35; Annika Ucke/Intro: vordere Umschlagseite

Syndication
www.jalag-syndication.de

Unsere Garantie

Alle Informationen in diesem Ratgeber sind sorgfältig und gewissenhaft geprüft. Sollte dennoch einmal ein Fehler enthalten sein, schicken Sie uns das Buch mit dem entsprechenden Hinweis an unseren Leserservice zurück. Wir tauschen Ihnen den GU-Ratgeber gegen einen anderen zum gleichen oder ähnlichen Thema um.

Liebe Leserin und lieber Leser,

wir freuen uns, dass Sie sich für ein GU-Buch entschieden haben. Mit Ihrem Kauf setzen Sie auf die Qualität, Kompetenz und Aktualität unserer Ratgeber. Dafür sagen wir Danke! Wir wollen als führender Ratgeberverlag noch besser werden. Daher ist uns Ihre Meinung wichtig. Bitte senden Sie uns Ihre Anregungen, Ihre Kritik oder Ihr Lob zu unseren Büchern. Haben Sie Fragen oder benötigen Sie weiteren Rat zum Thema? Wir freuen uns auf Ihre Nachricht!

Wir sind für Sie da!
Montag–Donnerstag:
8.00–18.00 Uhr;
Freitag: 8.00–16.00 Uhr
Tel.: 0180-5005054*
Fax: 0180-5012054*
E-Mail: leserservice@graefe-und-unzer.de

*(0,14 €/Min. aus dem dt. Festnetz/ Mobilfunkpreise maximal 0,42 €/Min.)

P.S.: Wollen Sie noch mehr Aktuelles von GU wissen, dann abonnieren Sie doch unseren kostenlosen GU-Online-Newsletter und/oder unsere kostenlosen Kundenmagazine.

GRÄFE UND UNZER VERLAG
Leserservice
Postfach 86 03 13
81630 München

GRÄFE UND UNZER
Ein Unternehmen der
GANSKE VERLAGSGRUPPE